WHY WE ELECT
NARCISSISTS AND SOCIOPATHS
AND HOW WE CAN STOP!

ビル・エディ 著
宮崎 朔 訳

危険人物をリーダーに選ばないためにできること

ナルシストと
ソシオパスの見分け方

プレジデント社

危険人物をリーダーに選ばないためにできること

若い有権者のみなさんへ
あなたの先輩たちが犯したあやまちを
繰り返さないでください

CONTENTS

2 「いかさま王」の本性を知る

3

対立を煽る政治家を止める方法

PREFACE

はじめに

私がナルシストやソシオパスなどのパーソナリティ障害について学んだのは一九八〇年のことでした。学校や家庭のカウンセラーになるための研修の一環でしたが、目から鱗が落ちる思いをしたものです。そのほぼ四〇年後に、このとき学んだことをリーダーシップや国の指導者に当てはめて教えることになろうとは、当時は夢にも思いませんでした。

パーソナリティ障害を理解していたおかげで助かったのは、厄介きわまりない顧客や、周囲にいる困った人たちに対処するときでした。彼らは、表面上は理性的で、魅力的に見えるときもありましたが、まわりの人々との対立を繰り返し、私が何とかしてくれるだろうと期待して、自分がしでかしたことを反省せず、言動を改めようともしませんでした。自分がその対立の原因をつくっていたとしてもです。

私は一〇年ほどセラピストとして働いた後、そうした対立の解決に集中するため転職することにしました。一九九二年に弁護士になると、すぐにパーソナリティ障害が多くの法的な争いの原因となっている――しかも、悪い方向に向かわせている――ことに気がつきました。しかし、ほとんどの法律の専門家はこれらの障害を理解していないどころか、存在すら認識していませんでした。そのような障害を持つ顧客が抱えている揉め事が収まることはありません。問題が大きくなると、彼らは何度でも法廷に戻ってきます。何も知らない専門家はしばしば事態を悪化させていました。

私は法律の専門家たちに説明を試みました。パーソナリティ障害を持つ多くの人々は、他者を非難するのが習慣になっていること。常に敵対的な考え方をしていること。非常に攻撃的な言動が多いこと。彼らに必要なのは制約であり、他者を非難する機会ではないこと。

でも、弁護士たちは言いました。「パーソナリティ障害だって? ばかばかしい。君は裁判に勝ちたくてそんなことを言っているだけだろう」。裁判官の言い分はこうでした。「それが法的な争いに何の関係があるのか、私には理解できません」。精神衛生の専門家にはこう言われました。「法廷でそのような障害の話はしないでください。パーソナリティ障害を持つ人々に烙印を押すことになってしまいます」。

専門家たちはわかっていなかったのです。

私は五分や一〇分では何がどうなっているのか説明できないことに気がつきました。そこで本を書いたのですが、二〇〇三年当時、引き受けてくれる出版社は見つかりませんでした。そのようなテーマには誰も興味を持たないと言われたものです。そのとき、ウェブサイトのつくり方を学んでいた友人が、私のためにサイトを一つ用意してくれました。そのおかげで私は本を自費出版してオンラインで販売できるようになったのです。

著書やウェブサイトがあるとメッセージの伝わり方が全然違うことはすぐにわかりました。弁護士や裁判官、調停人、セラピストなどの団体向けに講演をしてほしいというリクエストが全国から届き始めたのです。

私は、対立性の高い法的な争いが偶然起こるものではないこと、そのような争いは「対立を煽るパーソナリティ」を持つ人々（対立屋）、が原因となっていることを教えました。そのうち、人事の専門家、連邦政府機関、法執行機関、病院、大学、コミュニティ集団、都市部の政治家からも連絡がくるようになりました。彼らはみな、自分の時間や気力、資力を消耗させようとする厄介な人々の突飛で予測できない言動を理解したがっていました。

対立を煽る人々の言動は、徴候がわかるようになると実はとても予測しやすく、そのパターンは簡単に学べるものです。私は必要としている人に理論を教え、対立屋の揉め事を鎮めたり解決したりするための手法を開発するようになりました。その後、裁判官向けの研修を主催してくれたミーガン・ハンターに研修施設を一緒に立ち上げようと誘われ、二〇〇八年にハイ・コンフリクト・インスティテュートが生まれました。この組織の認知度が高まり、私は世界中で講演をするようになりました。ほとんどは専門家向けですが、私生活で対立屋に苦労している一般の人々に話をすることもあります。私たちはすぐに多くのトレーナーを加え、オンライントレーニングも含めてサービスを強化しました。

驚いたことに、対立屋のパターンはどこにでも見られるものでした。もしかして世の中に対立を煽りたがる人が増えているのだろうか、とさえ感じられました。対立を煽る言動を受ける側にいる人たちからしばしばこんなコメントをもらいます。「もっと前に知っていたらよかった」「信じられない。これほど長くだまされていたなんて」「彼らはどこまで危険な人になるのでしょうね」。

政治的な緊張が対立を激化させるようになったのは二〇一〇年頃のことでした。リベラル派と保守派の罵り合いは世界中で起きており、各地でポピュリズムや独裁政権の芽が出てきています。ポピュリストの政治家の多くに対立屋のパーソナリティが見受けられます。

私は、すべての有権者にパーソナリティ障害のことや、それが政治を破壊してしまう可能性があることを知ってもらうことはできないものかと考え始めました。気がつくと、二五年前の法曹界にいたときと同じ気持ちになっていたのです。この本の執筆を検討し始めたとき、私は自問しました。パーソナリティ障害なんて今日の問題とは無関係だと言われるのではないか。あるいは、単にひいきの候補者を勝たせようと肩入れしているだけではないかと。そうした批判があるのは承知のうえで、「対立を煽らずにはいられない危険な人物」に対して右往左往するだけでなく、彼らのパーソナリティとはどういうものであるのか、自分の頭で考えていただきたいのです。

この本について

この本では極端な例を取り上げていますが、本書で紹介する基本的なパターンは、どのような規模の政府、ビジネス、コミュニティにいる対立を煽る指導者にも適用できます。この本は三部に分かれています。

1 ナルシストやソシオパスはどのように選出されるのか

第1部ではまず、対立を煽る政治家のパターンを説明し、ナルシストやソシオパスといった特性がきわめて危険な、人をだますものになりうること、またどうすれば彼らを早期に発見できるかを取り上げます（第1章）。次に、対立屋の「感情戦」とはどのようなもので、彼らがどのように人をたぶらかしたり攻撃したりしながら、コミュニティや国家全体を分断、支配していくかを説明します（第2章）。このようなことが可能になるのは、有権者がこの感情戦に対して四つの集団──「熱烈な支持派」「憤る抵抗派」「おとなしい穏健派」「幻滅した棄権派」──に分かれて、お互いに際限なく戦い続ける傾向があるからです（第3章）。

続いて「感情を煽るメディア」がいかに対立を煽る政治家を引きつけ、社会の末端から世界各地の指導者の立場へと躍り出す手伝いをしているか、また彼らの感情戦を何千倍にも増幅して何百万人もの人々に届けているかを取り上げます（第4章）。最後に、ナルシストやソシオパスといった危険な人々が権力を握る方法について説明します。それは、「架空の危機の三段論法」（「架空の危機がある。それを引き起こした悪者がいて、その解決にはスーパーヒーローが必要になる――それが私だ！」）という物語を繰り返し宣伝することです。本物の問題を解決できる手腕を持たない彼らが有権者に売れるものはそれしかないからです（第5章）。

「いかさま王」の本性を知る

第2部では、一一人の例を取り上げて、過去一〇〇年間、対立を煽る政治家が無限の権力を得るためにいかに繰り返し「架空の危機」の三段論法を利用してきたかを紹介します。まずは、そうした三段論法の原型ともいえるアドルフ・ヒトラー、ヨシフ・スターリン、毛沢東の例を取り上げ、彼らのパーソナリティがどのように育っていったのか、彼らはどのように権力の座に上り詰めたのかを分析します（第6章）。続いて、現在世界各地で指導者に選出されている五人の人物が、同じ戦略を用いて自国を浅はかな権威主義の方へと導いている様子を検証します（第7章）。それから、アメリカでこのパターンに当てはまる事例――ジョセフ・マッカーシー、リチャード・ニクソン、ドナルド・トランプ――について掘り下げていきます（第8章）。最後に、ここで取り上げた例すべてに共通している大きな問題について論じます（第9章）。

対立を煽る政治家を止める方法

第3部では、対立屋に権力を与えてしまうパターンを終わらせる方法を見ていきます。まずは、分断された集団間の関係を修復する手法を説明します（第10章）。次に、対立屋のパターンを特定し、候補者選びをする政党や、候補者のために選挙運動をする人々、この問題を他の有権者と共有する方法を論じます（第11章）。続いて、対立を煽る政治家が用いる「恐ろしい危機」の三段論法の正体を明らかにする方法を説明します（第12章）。また、対立を煽る政治家の際限なく攻撃的な言動を封じ込めるために、より説得力のあるメッセージを、彼らの攻撃に負けないくらい堂々と自己主張する方法も取り上げます。事実に基づいたメッセージを、積極的な感情とともに、繰り返し提示するのです（第13章）。最後に、個人や報道機関がフェイクニュースを分析し、対立屋やその感情戦、「恐ろしい危機」の宣伝に惑わされず、本物の問題や本物の解決策についてより有益な情報を提示する方法を見ていきます（第14章）。

最後に、政界の対立屋に目を光らせ続ける必要があることをもう一度強調します。付録では対立屋のパターンや操作を見抜くための簡単なガイドを提供します。

注意すべきこと

この本で取り上げるパーソナリティパターンの情報を読んで思い浮かべてしまう知り合いがいたとしても、その人たちに、あなたは対立屋の素質があるとか、ナルシストやソシオパスのようなパーソナリティの持ち主だとは決して言わないようにしてください。そのような指摘は的を射ていようといまいと確実に事態を悪化させます。心の中だけに留め、より効果的に対処する方法を学んでください。

とはいえ、公職に就いている人や権力の座を狙っている人について、その人物が対立を煽るパーソナリティを備えた危険な人であることを他の人に伝えることが有益な場合もあります。それをきっかけとして、なぜ特定のパーソナリティが問題になるのかを説明できますし、その徴候やパターンを伝えられるからです。

この本を読んで、もしかしたら自分も対立屋のような言動パターンを持っているかもしれないと思う人もいるでしょう。対立を煽るパーソナリティの情報に初めて触れた人がそのように感じるのはよくあることです。自身の言動を反省したり、問題点を改めようと思ったりするのは健全なことです。パーソナリティ障害を持つ人は反省もしなければ自分を変えようとも思いません。それでもまだ心配であれば、カウンセラーに相談することをおすすめします。

私の懸念と希望

対立を煽る政治家は、日常生活で見かける対立屋と同じパターンを持っていますが、彼らはより大きな権力を持っているため、はるかに多くの人々を傷つけ、だますことができます。その意味でこの本は私がこれまで書いてきたどの本よりも重要です。本書によって私たち全員が直面している問題の深刻さをみなさんにも理解していただきたいと思っています。

ナルシストやソシオパスのような対立を煽る政治家は、政治的アイデンティティ（極左、極右）に関係なく、人類と民主主義に対する最大の脅威です。彼らは政治を超越した存在であり、その極端なパーソナリティによって、有史以来——特に過去一〇〇年間——世界の苦難の大半の原因をつくってきました。その流れが終わる気配はありません。この本を読めばわかるとおり、いまも昔も状況は変わらないのです。

それでも私が希望を持っている理由は三つあります。

1　私たちは何万人もの法律の専門家に、対立屋とはどのようなもので、どうすれば彼らを早期に見つけ出せるか、うまく管理できるか、制限を設けられるか、彼らが起こす揉め事を解決するのを助けられるかを教えて成功してきた実体験があります。

2　本書で説明するとおり、過去一〇〇年間、対立を煽る指導者が多数派の支持を得たことはありません。ですから、多数派が情報を得て組織化できれば、対立屋は止められます。それが歴史上多くの場面で起きたことです。

3　対立屋の言動パターンはわかりすいのですぐに見分けられるようになり、また、人に教えることができます。このような予測しやすい言動を理解すれば、対立屋に対してより効果的に、自信を持って対応できるようになり、彼らの危険な言動をうっかりエスカレートさせて全員を困らせることはなくなります。

「私たち」が協力し合うということ

この本では常に「みなさん」「私」「私たちを」主語に据えて話をします。これは、私の執筆スタイルでもありますが、経験上、対立を煽る人々に効果的に対処するには「私たち」が協力し合う必要があると知っているからでもあります。対立を煽る指導者に権力を与えて混沌や流血を生むことを許さない世界、理性的な指導者が力を合わせて本物の問題を解決する余地がある世界を想像してみてください。対立屋には何が効いて何が効かないかはすでにかなりのことがわかっています。必要なのはこの情報をより多くの人に広めることだけです。さあ始めましょう。

1

ナルシストやソシオパスはどのように選出されるのか

HOW NARCISSISTS AND SOCIOPATHS GET ELECTED

1

ナルシストやソシオパスは、とんでもなく魅力的で、簡単に人をだます人たちです。ほとんどの場合、彼らは身近な人を自分の思いどおりにすることに気を取られていますが、政治の道へ進む場合はきわめて危険な人物になることがあります。彼らはトップに――本当に本当の一番上に――立ちたがります。他人の上に立ち、他人を支配したがるのです。彼らの権力欲にはきりがありません。ただし、その言動のパターンは、最終的には避けられない劇的な失脚も含めて、きわめて予測しやすいものです。

　では、彼らはどのようにして選出されるのでしょう。より具体的に言うと、なぜ私たちは彼らのような危険な人を選出してしまうのでしょうか。そう、私たちの誰もがナルシストやソシオパスに実際に投票する傾向があるのです。第1部ではこの問題について説明していきます。

第1章

対立を煽る政治家たち

私がこの本を書いたのは、対立を煽る危険な人々（対立屋）が政治家になるとこのようなパーソナリティになる、というパターンを説明するためです。対立屋には気をつけるよう、また対立屋にはこう対処すべきだと警鐘を鳴らすことは、私のライフワークでもあります。本書でお伝えしたいのは、対立屋はきわめて危険な政治家になりうること、（嘘をついたり言いくるめたりして）ひどく人をだますことがあること、常に社会を分断せずにはいられないことです。ただし、そのような人々のパーソナリティパターンは早いうちから見分けがつきます。彼らが何らかの役職に選出されて、みなさんの人生に影響を及ぼすような事態は、避けられるものなのです。

お断りしておきますと、この本は政治に関するものではありません。対立を煽る政治家と言っても、共和党員かもしれませんし、民主党員、あるいは無党派かもしれません。リベラルかもしれませんし、保守派かもしれません。肩書も、市長であったり、州知事、上院議員、世界各国の国家元首だったりします。市議会や教育委員会、マンションの管理組合の理事に選出された人の可能性すらあります。

対立屋は、対立を煽るパーソナリティを持っています。対立を拡大したり長引かせたりするのが彼らのパターンなのです。対立を調整したり解決したりはしません。彼らはコミュニティを分断し、何万人（時には何百万、何千万人）もの人生を狂わせ、共同の資源を無駄にして、彼らが敵とみなした相手に――言葉や法律、時には暴力的な手段を用いて――戦争を仕掛けます。

世界的な傾向

この本は、ドナルド・トランプのような特定の政治家に着目するものではありません。彼は対立を煽る危険な政治家の典型として本書で取り上げる一人ではありますが、この本ではもっと大きな話をします。彼は、氷山の一角にすぎません。このような政治家を選出する傾向は世界的に広がりつつあり、過去三〇年でさらに強まっています。この傾向は、十分な数の有権者が対立を煽る政治家の徴候を学び、その食い止め方を身につけるまで続くでしょう。

パーソナリティの力

一人の政治家のパーソナリティがどれほど深刻な問題になりうるのか。歴史家たちの言葉を見てみましょう。

> 二〇世紀の戦争と……大量殺人は、ある意味たった三人のパーソナリティによるものだと考えられる。[1]

ここでいう三人とは、アドルフ・ヒトラー、ヨシフ・スターリン、毛沢東のことです。ヒトラーは少なくとも（第二次世界大戦やホロコーストによる）五五〇〇万人、スターリンは二〇〇〇万人、毛沢東は少なくとも四〇〇〇万人の死に責任があります。[2] 彼らが引き起こした戦争、飢饉、大量虐殺は、各国の指導者のパーソナリティがどうあれ、避けられないものだったのでしょうか。別の歴史家はこう述べています。

> だが、アドルフ・ヒトラーがいなければ、**悪魔のようなパーソナリティ**、確固たる意志、並外れた直感、無慈悲な冷たさ、非凡な知性、舞い上がる想像力、そして――権力や成功に

> 溺れて身の程をわきまえなくなった末期までは――人々や状況を驚くほど的確に見定める能力を持っていたあの男がいなければ、第三帝国はほぼ間違いなく存在しなかっただろう。
> 「第三帝国がいい例だ」と著名なドイツの歴史家フリードリヒ・マイネッケは言う。「**パーソナリティの力**は、歴史的にも特異な、計り知れないものになりうるのだ」[3]。（強調は筆者／以下同）

他の歴史家たちも同調しています。

> 第二次世界大戦について、歴史家F・H・ヒンズリーはこう書いた。「歴史家は、当然ながらほとんど誰もが……第二次世界大戦はアドルフ・ヒトラーのパーソナリティと彼が掲げた目標によるものだと考えている」。キーガンも賛同している。「**本当に戦争を望んでいたヨーロッパ人は一人しかいない――アドルフ・ヒトラーだ**」[4]。

スターリンと、彼がロシアやウクライナで行った大量虐殺についても、同じような結論が出ています。スターリンが強制した集団農場化によって人為的な飢饉が生じ、四〇〇万人以上のウクライナ人と、それ以上のロシア人が死に至りました[5]。どうやら夫の容赦ない政策に動揺したようで、スターリンの妻までもが自殺しています[6]。

集団農場化の流れがモスクワに命じられた、「上から」の強制だったことは間違いない。**それがスターリンの個人的な政策**だったこともだ。その政策の概要が初めて語られたのは、彼が一九二八年の年末にシベリアを訪問したときのことだった。[7]

毛沢東も、中国で同じような集団農場化を強制しました。彼はそれを「大躍進政策」と呼びました。

毛沢東は、大躍進政策は大後退政策だという現実からの警告には耳を傾けずに飢饉を引き起こし、二〇〇〇万から三〇〇〇万の人民を殺した。[8]

大躍進政策も文化大革命も、根っこは一つです。

中国についてだが、大躍進政策による記録的な飢饉は、**毛沢東の軽はずみな計画**……なしに起こったとは考えられない。一〇〇〇万人の中国人に影響を与えた文化大革命も、おおもとの責任は一人の男にある。**毛沢東がいなければ、文化大革命は起こらなかった。**[9]

政治的対立の原因

みなさんも、私と同じく、疑問に思われるかもしれません。政治的な問題はたいていくすぶり続ける歴史的な不和によるものではないのかと。あるいは人種的、民族的な恨みか、経済的な問題ではないのかと。しかし、そのような例は、みなさんが思っているよりはるかに少ないのです。

たとえば、アフリカでは一九六〇年から一九七九年にかけて非常に多くの元植民地がヨーロッパの宗主国から独立を果たしました。少なくとも一六〇の民族集団が、暴動、内乱、大量虐殺などの暴力の可能性を抱えながら併存していたのです。しかし、そのような暴力が発生したのは全体の一%にも及びませんでした。

一九九一年にソ連が崩壊したあとも、四五の民族集団が武装対立を起こす可能性がありました。ただし、歴史家から見て、そのような潜在的な民族間の怨恨から戦争が勃発したといえるのは四・四%のみでした。[10]

一九九〇年代のユーゴスラビア紛争ではソ連崩壊とともにユーゴスラビアが小国に分裂しましたが、この紛争には明らかに対立を煽るパーソナリティを持つ指導者が数人、中心的人物として関与していました。彼らは従来の民族共存を、大量虐殺をともなう暴力にエスカレートさせ、後に戦争犯罪のかどで旧ユーゴスラビア国際戦犯法廷にかけられました。[11] これらの対立屋とおぼしき指導者たちがいなかったとしたら、そもそも紛争など起こったのでしょうか。

もしかするとユーゴスラビア紛争は例外的な状況だったのではないかと思われるかもしれません。対立を煽る政治家はすでに注がれていたガソリンに火を着けたマッチのようなもので、これらの国々はすでに機能不全に陥っていたのではないかと。たとえば、ヒトラーが台頭する原因となったのは、第一次世界大戦後のドイツ国内の経済的な問題と、世界的な株式市場の暴落ではなかったかと。そうではないのです。ヒトラーが権力を握りつつあった一九三二年にドイツに駐在していたアメリカ人記者は、典型的なナチ党員をこう表現していました。

> 男性で、年齢は三〇代前半。都会に住む、中産階級としては下の方の生まれで、高等教育は受けていない……国家社会主義［ナチ］党に加わるまで所属政党はなく、退役軍人の団体や半軍事組織にも属していなかった……ドイツの共和政には強い不満を持っていたが、**ユダヤ人に対しては特に否定的な偏見はなかった。**彼の**経済事情は安定して**いて、一度として職業や職場、住居を変える必要に迫られたことはなかったし、無職だったこともない。[12]

つまり、貧困自体が政治的対立を生むとは限らないのです。ヒトラーは極貧の人々から――あるいは偏見に満ちた人々から――追随者を集めたわけではありません。反ユダヤ主義は何世紀にもわたってヨーロッパ中に存在していましたが、ヒトラーが、かつてないレベルでユダヤ人を憎むようドイツ人を「教育した」のです。国家の文化的指導者であったヒトラーは、ドイツ人を直接調教して彼自身の考え方に従わせることができました。おもな手段は、ドイツの多くの家庭に届いたラジオでの演説と、劇場を席巻した党大会の映画でした。ヒトラーは「他の誰よりも巧みに、人々の恐怖や恨み、偏見を刺激したのです[13]」。

三つの大きな疑問

この本のために政治的対立の事例について――大小問わず――調べているうちに、パーソナリティの持つ力について大きな疑問が三つ浮かんできました。

1　対立を煽る一人の政治家が、うまくいっているコミュニティあるいは国家をばらばらに分断することはできるのだろうか。できるとしたら、どのようにして行うのだろうか。

2　平時において、対立を煽る一人の政治家が国家を戦争や飢饉、大量虐殺に導くことはできるのだろうか。できるとしたら、どのようにして行うのだろうか。

3　対立を煽る政治家がそのようなことをしでかす前に止めることはできるのだろうか。

その答えを理解するには、まず対立屋、ナルシスト、ソシオパスのパーソナリティのパターンをより詳しく見ていく必要があります。彼らが対立というものについて、他の人々とは異なる考え方をしていること、そして、これら三つのパーソナリティが一人の人物の中で組み合わさったときにどのようなことが起こるかを知らなければなりません。

対立を煽るパーソナリティとは

私たちがふだんどのように考え、感じ、行動するか。それが、私たち一人ひとりのパーソナリティです。たいていの人は、揉め事に巻き込まれるとそれを解決しようとしますが、対立を煽るパーソナリティの持ち主の場合は、逆なのです。私は何百という揉め事を調べている最中に何度も目にしたのですが、彼らはあらゆる関係は本質的に敵対的なものだと考えます。彼らは絶えず自分は誰かの敵とみなされ、脅かされていると（そうではないときでさえ）感じ、しばしばきわめて敵対的な対応をするのです。

その結果、彼らはほぼどんな場合でも、次から次へと不要な対立を生んでいきます。彼らはその対立はもともと自分の身の回りにあったものだと思っています。彼らは世界と戦争をしていると感じ、その気持ちを他者に投影します。

さらに悪いことに、彼らは対立を解消することには興味がありません。それどころか、対立を悪化させます。他人が何人傷つこうと、自分の行いが自分の首を絞めることになろうと、お構いなしです。

対立を煽るパーソナリティの持ち主は（ふつう本人は気づいていないのですが）、強烈な衝動に従って、自分が敵とみなした相手をコントロールしたり、排除したり、破滅させようとします。最終的には自分自身をだめにしてしまうのですが、彼らにはそれがわからないのです。

対立屋といっても人それぞれではありますが、彼らはみな、同じような言動のパターンを共有しています。その行動には大きく四つの特徴が見られます。

▼対立を煽るパーソナリティのパターン

1　標的とした相手を執拗に非難する
2　何にでも白黒をつけずにいられない
3　攻撃的な感情を抑制できない
4　極端に否定的な態度を取る

対立屋は、パーソナリティ障害の特性も一つならず持っています。パーソナリティ障害を持っているかどうかは外見だけではわかりません。なかなか表には出てこない精神疾患ですから、ほとんどどの人は最近まで耳にしたことがなかったでしょう。しかし彼らは（1）人づきあいに問題を抱えており、（2）自身の言動を反省することはなく、（3）自分を変えません。この三つの特徴は、遅かれ早かれ、パーソナリティ障害を持つ人々とのつきあいを非常にむずかしいものにしてしまう可能性があります。

研究によれば、パーソナリティ障害を持つ人は成人人口の一五％ほどだろうとされていますが[14]、対立屋については成人人口の一〇％ほどだろうと私は考えています。パーソナリティ障害を抱えている人々のすべてが標的を非難することばかり考えているわけではなく、対立屋のすべてがパーソナリティ障害を持っているわけでもありません。ただし、対立屋はみな、ナルシストやソシオパスといったパーソナリティ障害の特性をある程度備えています。

対立屋は、衝動的に自滅的な行動を繰り返します。だからこそ彼らは対立を生み続けるのです。彼らは変わろうとせず、自分を直そうともしません。たとえ対立のおもな原因、あるいは唯一の原因が自分にあってもです。

彼らは自分自身がなぜ対立を煽る言動を繰り返しているのか理解していないので、事態が悪化するとどんどん保身に走って、身の回りの人々を「非難の標的」として攻撃します。

そのため、対立屋はしばしば本当の友人を持てずに、コミュニティの中でも危険な人という評判を得てしまいます。身の危険を感じるような脅迫をしてきたり、果てしない不平不満で周囲の人の人生をストレスだらけにしたりしてしまうのです。いやな隣人、あまりに気むずかしい同僚や上司、事業主。みなさんの家族の中にもいるかもしれません。

実際、対立屋はどこにでもいます。ただ、ほとんどの人は、対立屋は単に危険な人――短気で適応が苦手で孤立した人――だと思うばかりで、対立屋のパターンが見えていません。今日問題とされていることの中心にしばしば対立屋がいることや、その数の多さがわからないのです。

対立屋はどの国、どの文化でも一定の存在感を持っています。対立屋は、アメリカや西側諸国だけの問題ではなく、人類全体の問題なのです。しかも、その数は年々増える傾向にあります。荒野に一人で住んでいるのでもない限り、対立屋を避けることはできません。

魅力と説得力

対立屋にはもう一つ、驚くべき特徴があります。彼らが欲しいものを手に入れられるのは往々にしてそのおかげなのですが、彼らはきわめて魅力的で説得力のあるカリスマの持ち主にもなれるのです。彼らは、少なくとも最初のうちはそのように振る舞います。ところが、親しくなったり、対立が発生したりすると、化けの皮がはがれて、本性を見せ始めます。

彼らがいかにわかりやすい人々なのかは、付録A「対立を煽る危険人物の40の言動リスト」をご覧ください。

▼注意！ 私人にレッテルを貼らないこと

そろそろこのパターンに当てはまる人の一人や二人は思いついているかもしれません。そうだとしても、あなたがその人たちをそんなふうに思っているとは言わないでください！ もし本当にこのパターンの持ち主だったら（私たちはたいていそれっぽい知り合いがいるものです）、言えば言うだけ憎まれたり恨まれたりするでしょう。みなさんを次の非難の標的にするかもしれません。

ここで強調しておきたいのが、対立屋は自ら扱いづらい人間になろうとしているわけではない、ということです。あらゆるパーソナリティは三つの基本的な要因から生まれますが、どの要因も成長の過程でコントロールできるものではありません。どれが人格形成に大きな役割を果たしたかの判断はむずかしいのですが、ふつうは次の三つの要因が組み合わさったものになります。

遺伝的傾向

これは人類のパーソナリティ遺伝子プールに含まれるものなのかもしれません。長い目で見ると、対立屋も戦時には役に立ったように、ある場面である種の特性が役に立つことがありました。

幼少期の経験

虐待だけでなく、過干渉、過保護も含まれます。幼少期に親を亡くしたり、親から引き離されたり、親への愛着が不安定だと、壊滅的な影響を与えることがあります。

文化的な環境

生まれた時代は、家族と同じくらいパーソナリティの形成に影響があると主張する人もいます。この数十年間、個人主義が進行し、それを促進するようなさまざまなデバイスが生まれ、自己肯定感に執着しすぎたことすべてがナルシズム文化の拡大に寄与してきました。[15]

こうした要因が重なると対立屋が生まれやすくなる、ということを私たちは理解しておくべきでしょう。それと同時に、私たちは彼らの言動から身を守るため、しっかりと制限を設ける必要もあります。

大切なのは、彼らの言動を変えようとするのではなく、自分の言動を適応させることです。彼らに反省させようとしたり、過去のことをいつまでも掘り返したりするのは避けてください。いまどうすべきか、たとえば自分自身の将来にかかわる選択肢のみに集中するのです。そのうえで、自分のパートナーやチームの指導者、上司、地元の（あるいは国家の）指導者には対立屋を選ばないように気をつけましょう。

なぜ今日これほど多くの対立屋が政治の世界にいるのか？

これには少なくとも二つの理由が考えられます。

1

対立屋は、市長、州知事、あるいは大統領にまで上り詰めているかもしれません。それでも、一部の対立屋は、本当は王に（場合によっては女王に）なりたいと思っています。彼らは選ばれし者であるという栄光や注目、正当性、妥当性といったものに――そして絶対権力を得て、維持、行使することに――強く引きつけられます。特に、自分が敵とみなした相手を公然と非難、処罰し、破滅させられるだけの権力を持ちたがります。彼らは戦い――敵対するプロセスが――大好きです。何より彼らは「勝ち」たがり、「支配」したがります。そして、自分が勝ったことを誰にでも「知らせ」たがり、自分がその集団の絶対的なトップであると認識されることを望みます。

彼らは強者でありたいと思っています。誰からも異議を申し立てられない人。誰からも愛される人――少なくとも誰もが従うか、頭を垂れてくれる人。権力と栄光を握る人になりたいのです。それを実現するためにはあらゆることをします。それで他人がどうなろうと、あるいは自分がどうなろうと、おかまいなしです。彼らは「非常に攻撃的な言動」をします。彼らは根本的には権威主義者です。大切なのは自分自身と、自分が望む他のすべての人々に対する無限の権力です。

2

彼らがとりわけ魅力を感じるのが、今日の「感情を煽るメディア」が生み出す架空の世界です。このようなメディアにはさまざまな形式がありますが（テレビネットワーク、ケーブルテレビ、フェイスブック、ユーチューブなど）、いずれも政治家に指導者としての経験や政治的な手腕がなくても多くの注目を集めることを可能にしてくれます。実際、指導者としての手腕を見せるよりも暴言を吐いたりする方が注目は集まります。他者への共感や良心の呵責に欠ける対立屋は、自分の虚像を生み出すのが得意です。事実にはこだわりません。彼らは魅力的な語り部であり、危機やヒーロー、悪者の話を期待している有権者の心をとりこにします。

また、感情を煽るメディアの方も、対立を煽るパーソナリティを「切望」しています。対立屋は抜群に表現力豊かでドラマチックな、人を興奮させる顔や声をしているので、大小問わず画面やスピーカー越しだと特に映えるのです。抜群の広告塔であることも彼らの売りです。感情の強さ、何にでも白黒をつけずにはいられない考え方、一見予測できないように見える極端な言動のおかげで、彼らは生まれながらの役者なのです。バスケットボールが背の高い選手を引きつけるように、感情を煽るメディアは対立屋を引きつけます。その分野では彼らが一番だからです。

では、どのような対立屋が政治に関心を持つのでしょうか。対立屋には自己愛性（ナルシスト）、反社会性（ソシオパス）、境界性（ボーダーライン）、妄想性（パラノイア）、演技性というう五つのタイプがありますが（拙著 *5 Types of People Who Can Ruin Your Life* ではこれら五つのタイプすべてを詳しく取り上げています）、ほとんどの対立屋はコミュニティや国家を預かることに興味はありません。指導者にするともっとも魅力的で危険なペテン師となるのは、ナルシストやソシオパスのようなパーソナリティ障害の特性を持つ対立屋です。たまに他の三つの特性を見かけることもありますが、ほとんどの場合、指導者を目指すのはこの二つのパーソナリティです。

パーソナリティ障害

みなさんもきっとナルシストやソシオパスに会ったことがあることでしょう。ナルシストやソシオパスはどこにでもいるものですが、極端な例は精神疾患とみなされます。ナルシストとソシオパスは、『DSM-5　精神疾患の診断・統計マニュアル』というアメリカ精神医学会の診断マニュアルで一〇種類取り上げられているパーソナリティ障害にも含まれています。[16] 私は本書で論じる特定の対立屋がこれらの障害を持つかどうかの判断はしません。私の目的は、これらのパーソナリティに備わっている対立を煽る言動のパターンを説明し、みなさんが投票先を決める際に自分で気づけるようにすることです。対立屋がこれらのパーソナリティの特性の一部を持っているだけなのか、それとも完全なパーソナリティ障害なのかは、それほど重要ではありません。どちらにしても指導者としては問題があります。

一般的に、ナルシスト的パーソナリティの持ち主は、自分のことで頭がいっぱいです。自分には特別扱いされる資格があると思い、壮大な構想を持ち、無限の成功、無限の権力を夢見ています。他者への共感に欠け、自分の方が上であるように見せたがります。ソシオパス的パーソナリティ（反社会性パーソナリティ）の持ち主は、規則や法律に違反しても平気です。日常的に（嘘や言いくるめで）人をだまし、非常に攻撃的です。良心の呵責に欠け、他者を支配したがります。

ただし、このようなパーソナリティのどれかを持っている人のすべてが対立屋になるわけではありません。「非難の標的」を持たない人もいるからです。また、このようなパーソナリティの持ち主の多くは政治に興味がありません。ただし、政治に興味があって、自分（と他人）の注意を「非難の標的」とした相手に向けさせる方法を知っている場合は、きわめて危険です。彼らは政治家として選出されたいと望みます。その仕事に就いて標的を支配したいからです。

まずはこのようなパーソナリティの種類について、一つひとつ見ていきましょう。それから、これらのパーソナリティが一人の人物の中で組み合わさった場合にどうなるかを見ていきます。

ナルシスト的（自己愛性）パーソナリティ

ナルシストは、他人より上だとみなされること、他人より上位に立つことばかり考えています。ナルシストの対立屋は、配偶者、子供、同僚、隣人、上司、組織長など、自分が非難の標的とした相手を、しばしばおおっぴらに貶める発言をします。自分が上だと見せるため、他者を下に置かないと気がすまないのです。

そうした理由から、彼らは政治に関心を持ちます。政治的な争いは、彼らが他のすべての人より優れているところを見せる機会を提供してくれるからです。彼らが勝つ可能性はありますし、その過程で、自分が他の人より優れているわけではないと暴露しようとした人に復讐することもできます。

ただし、対立屋は一般的に、自分が立候補している職業に必要となる柔軟な政治的手腕は持っていません。そのかわり、彼らは人々の注意をそらして、常に非難の標的に目を向けさせるようにします。他のすべての人々に、自分は「あの酷い候補者」よりはましだと説得するのです。また、彼らは壮大な構想を持っています。彼らはしばしば、その構想は実現可能だが、それは自分が指導者になったときに限ると他人に思い込ませます。

ナルシストの度合いがきわめて高い対立屋は、最高の官職に魅力を感じます。自分が「最上の」人間である証拠になるからです。また、そのような官職を勝ち取ることで、彼らは他のすべての人々、特に彼らの標的となった人々を貶める権力を得ることにもなります。

一般的に、パーソナリティ障害の診断は非常に主観的なものです。手に入る情報をもとにして行われるため、経験を積んだ精神衛生の専門家でさえ、しばしば意見が食い違います。もっとも、私たちにとってはそれで十分です。私たちは診断しようとしているわけではなく、「対立を煽る言動のパターン」があるかどうかを知りたいだけです。これがある場合、その人は危険な、人をだます、選出してはいけない人である可能性があります。

自己愛性パーソナリティ障害（NPD）は、ナルシズムの極端な形です。『DSM－5』によれば、自己愛性パーソナリティ障害を持つ人は内面に苦悩を抱えていたり、社会的な障害を持っていたりして、[17]九つの特徴のうち最低でも五つが見られます。[18]

この本にとって（つまり、障害の診断ではなく、対立を煽る言動のパターンを理解するのに）重要なナルシストの特性には次のようなものがあります。

▼ナルシストによる対立を煽る言動の特徴

1　他者よりも上に立ちたがる

2　壮大な構想
3　無限の権力を持つという妄想
4　他者への共感の欠如

この四つの特徴は、ナルシストの候補者に有利に働きます。つまり、候補者が本当に優れた人物であり、その壮大な構想が本当に実現可能なものである、と人々に思い込ませるのに役立つのです。ナルシストは心から自分や自分の構想を信じているので、一見とても魅力的で、信頼のおける、説得力のある人物に見えるかもしれません。ただし、彼らは、自分自身を含め、あらゆる人をだます傾向があります。彼らは必ずしも嘘つきではないのですが、自分の能力や構想については無自覚に誇張したり非現実的になったりします。

たとえば、ナルシストが会社のCEO（最高経営責任者）になると、自分のことばかり考え、自身の手腕を過剰評価するため、会社の業績が不安定になることが複数の研究からわかっています。ナルシストの上司は人気がありません。指導者としての手腕は平均以下で、他人の業績を横取りします。組織を最優先するCEOに比べると見劣りします。[19]

ある大がかりな研究によれば、アメリカ人の六・二％ほどが自己愛性パーソナリティ障害を持っています。これはおよそ二〇〇〇万人に相当します。その研究によると、この障害を持つ人の男女比は、男性が六〇％をわずかに上回り、女性は四〇％をわずかに下回ります。[20]

ソシオパス的（反社会性）パーソナリティ障害

『DSM－5』には、反社会性パーソナリティ障害（ASPD、ソシオパス）の特徴もいくつか列挙されています。[21] ソシオパスが対立を煽る言動のパターンを見つけるには、以下の四つの特性を探しましょう。

▼ソシオパスによる対立を煽る言動の特徴

1　支配欲
2　欺瞞（嘘や言いくるめ）
3　強い攻撃性
4　良心の呵責の欠如

ある調査では、全人口の四％近くの人が反社会性パーソナリティ障害を持っていると指摘されています。アメリカだけでも一二〇〇万人以上です。七五％ほどが男性で、女性は二五％ほどです。[22]
ソシオパスの対立屋は当然、他人を支配し、恥をかかせることができる立場——政治、ビジネス、組織のリーダー、犯罪など——に引き寄せられます。彼らは、大企業のCEOや政治家、高給取りのコンサルタントになるかもしれませんし、ギャングのリーダー、麻薬カルテルのトップ、テロ集団のリーダーになるかもしれません。[23] ありふれた犯罪者や、にこやかで親しみやすい麻薬売りの隣人、情け容赦ない同僚になることもありえます。彼らに近づきすぎたり、彼らの企てに参加したり、あるいは彼らに直接対決を挑んで彼らの標的にならないのが身のためです。

ソシオパスの対立屋の中には、公金を横領できるからとか、他人から大々的に金を巻き上げる計画に参加できるからという理由で政治に引きつけられる人もいます。そのような支配やリスクの高い行為が彼らには楽しいのです。また、自分の政治力を使って親分風を吹かせ、大勢の人々を馬鹿にしたり、コントロールしたり、排除したり、破滅させたりします。

彼らは悪事を働いているとき、非難の標的を使って人の目をそらします。他の政治家のことを調べさせているうちに、自分たちは自由に権力やその他望むものは何でも握れるからです。スリがぶつかってきて、「あっ、UFO!」と空を指さして叫ぶようなものです。ぶつかられた人が思わず上空を見ている隙に財布を抜き取るのです。

ナルシストとソシオパスのパーソナリティの違いは何でしょうか。『DSM‐5』には「自己愛性パーソナリティ障害には衝動性、攻撃性、欺瞞が含まれない」とあります。[24] ある政治家がナルシストのように見える一方で、よく嘘をつき、衝動性や攻撃性も高いようであれば、おそらくその政治家は両方の障害の特性を持っているということです。

悪性のナルシスト

ここからが本当に怖い話なのですが、この二つのパーソナリティ障害の両方を備えている人は「悪性のナルシスト」だと考えられます。専門家によればこれは「治療法のない、不治の」障害です。[25]

悪性のナルシストは、特に強力で、説得力のある、自信にあふれた、攻撃的な人になることがあります。とてつもなく壮大な計画を推進しているときは非常に魅力的なカリスマの持ち主に見えることもありますが（ナルシスト的な側面）、彼らは無慈悲で、情け容赦がなく、良心に欠けています（反社会的な側面）。専門家によれば、彼らは偏執的で加虐的でもあり、[26]たいていのナルシストやソシオパスよりも強い破壊衝動を持ち、非難の標的――自分の進路にあるほとんどすべての人やものを含む――や、最終的には自分自身をも破滅させようとします。

この診断を下したのはドイツ生まれの精神科医エーリヒ・フロムです。フロムは一九三〇年代にナチス・ドイツを離れてアメリカにやってくると、心理学の理論や実践の発展に大きな影響を与えました。フロムはこの障害について次のように説明しています。

エジプトのファラオ、ローマの皇帝、ボルジア家、ヒトラー、スターリン、トルヒーヨ。彼らは全員、ある種の似たような特性を見せている。彼らは絶対的な権力を手に入れた。その鶴の一声ですべてが決まる。人の生き死にさえもだ。その望みをかなえる力には限界がないらしい……。
こうした悪性のナルシストの障害を持つ人物は、生涯狂気が増していく傾向にある。その者は、神になろうとすればするほど人間離れしていき、その孤独がさらなる恐れを生み、誰もが自分の敵となる。そして、その結果生じる恐怖にあらがうため、権力を、無慈悲さを、ナルシズムを強化せざるをえなくなる。[27]

フロムは、このようなナルシズムは「悪性」のものだと言います。悪性の癌のように、進行を抑えることが困難だからです。[28]

先にも言及したパーソナリティ障害の大がかりな研究によれば、アメリカ人の約〇・七%がこの二つの障害を両方とも備えています。[29] 少ないように見えますが、これはおよそ二〇〇万人ということです。彼らはどんな職業、どんな階層にも存在しうるのです。

たとえば、二〇〇二年にユタ州の自宅にいた一四歳の少女エリザベス・スマートを誘拐したブライアン・デヴィッド・ミッチェルは、刑事裁判の過程で自己愛性パーソナリティ障害と反社会性パーソナリティ障害の両方を持っていることが確認されました。彼は多くの妻を従える支配者になろうとして、一〇代の少女をさらに誘拐する計画を立てていました。少女の方が自分の思いどおりの型にはめやすいと思ったからです。彼は自分を抑えることができませんでした。幸い、彼は捕まりました。被害者のエリザベス・スマートは、このように危険なパーソナリティが「どこにでもいる」ことを啓蒙し続けています。[30]

まとめ

ナルシスト、ソシオパス、あるいはその両方が対立を煽るパーソナリティと組み合わされると、王（または、はるかに少ないですが、女王）、独裁者、すべてを支配する最高権力者になりたがります。私はそのような人たちのことを「いかさま王」と呼んでいます。彼らはディズニー映画に登場するような友好的な王ではありません。大げさで、無慈悲で、権力を握って絶対的な支配者になるためなら手段を選ばず、誰であっても破滅に追い込みます。

これでナルシストやソシオパス（反社会的人物）、それを組み合わせた悪性のナルシストを含む対立を煽る政治家の「パターーン」を見つける基本はおわかりいただけたでしょう。［図1］は彼らの特徴を簡単にまとめたものです。

ここからは、このようなパーソナリティのパターーンを、「対立を煽る政治家」「対立屋」「いかさま王」などと呼んでいきます。これらの用語は、いわゆる「危険な人」の特徴をあらわすものと思ってください。

［図1］対立を煽る政治家

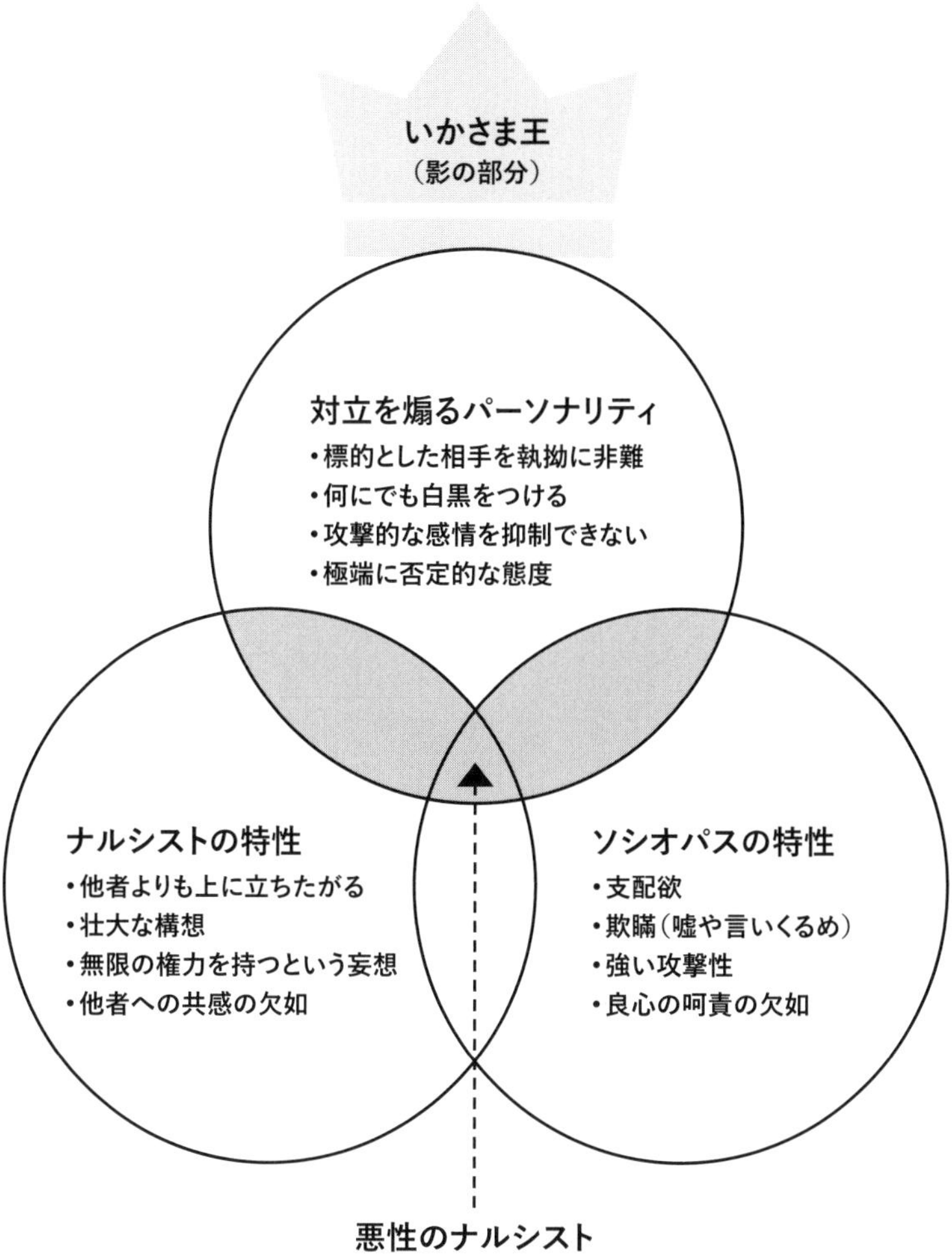
いかさま王
（影の部分）
対立を煽るパーソナリティ
・標的とした相手を執拗に非難
・何にでも白黒をつける
・攻撃的な感情を抑制できない
・極端に否定的な態度
ナルシストの特性
・他者よりも上に立ちたがる
・壮大な構想
・無限の権力を持つという妄想
・他者への共感の欠如
ソシオパスの特性
・支配欲
・欺瞞（嘘や言いくるめ）
・強い攻撃性
・良心の呵責の欠如
悪性のナルシスト

ほとんどの人は、対立屋の行動の一つひとつにうろたえますが、このパターンを知っていると、対立屋が将来どのような言動をするかを早くからおおよそ予測できるようになります。練習すれば、パターンを見つけるのはどんどん簡単になっていくことでしょう。対立屋は自分の言動を変えませんから、実は、平均的な人よりも「予測しやすい」のです。

ただし、これらのパターンを認識する目的はその人を診断することではなく、それが恋人であれ、上司であれ、政治的指導者であれ、自分が支配されたくない人に権力を握らせないように監視することです。そのことを忘れないでください。

第2章 対立を煽る感情戦

対立屋にショックを受け、時に恐怖を感じるのは、彼らがもっとも身近な人々さえ攻撃するからです。家庭内で暴力を振るったり職場でいじめをしたりする人々から、対立を煽る政治家に至るまで、対立屋は同じチームにいる人々と敵対するのです。その対象は、家族であったり、コミュニティ、党、国家、同盟国だったりしますが、彼らはこのような相手を「非難の標的」として、繰り返し批判したり、笑いものにしたり、人前でからかったり、損害を与えたり、人間関係を傷つけたりします。なかには、暴行を加えたり、殺害したりする場合もあります。

私はこれを「対立を煽る感情戦」と呼んでいます。このようなやりとりは理性ではなく感情をもとに行われ、標的となった人や周囲の人からも強い感情を引き出します。対立屋の標的となった人々は、論理的にはそもそもこのような攻撃を受けるいわれはまったくないため、しばしば自分がおかしくなったかのように感じて、身動きが取れなくなります。標的にされたことがある人なら、よくわかるでしょう。

対立屋は全員この感情戦を繰り広げています。彼らは世界——たいていは身の回りの世界——と戦争をしているのです。ただし、対立を煽る政治家の場合、その戦争ははるかに大規模で、より危険なものになります。いかさま王たちは、自分を抑えることができずに、無限の権力を得ようと終わりのない努力を続けます。感情戦は次のように進行します。

対立を煽る感情戦のパターン

感情戦には四つの段階があることを私は突き止めました。

1　攻撃の片棒を担ぐ人を**手なずける**
2　非難の標的を**攻撃する**
3　コミュニティを**分断する**
4　万人を**支配する**

このパターンを学んでおくのは非常に重要なことです。みなさんが誰かの非難の標的になったとき、何が起きているのか理解できるようになりますし、自分のせいではないということもわかるからです。濡れ衣を着せられるいわれは誰にもありません。標的になった人がしばしば対応に苦慮してしまうのは、協調的な社会で自分がそのような扱いを受けるとは思ったこともなかったからですが、対立屋は「非常に攻撃的な言動」をする人々なので、彼らが他の誰かを攻撃しているのを見かけたら気をつけてください。遅かれ早かれ、彼らはみなさんにも攻撃を仕掛けてくるかもしれません。彼らは自分では止まれないので、他の人が止めなければならないのです。

「攻撃の片棒を担ぐ人」を手なずける

「攻撃の片棒を担ぐ人」という概念を私が初めて思い浮かべたのは、とある法的な争いの中で、対立屋が家族や、友人、同僚、隣人などを集めて自分の歪んだ考えの弁護をさせ、標的の攻撃を手伝わせるのを目の当たりにしたときでした。対立屋が法的に主張することのほとんどは何の根拠もありませんから、彼らは感情的な圧力に頼って勝とうとします。法廷に連れてきた弁護人が持つ信頼性や、弁護人の多さをもとに、自分の主張には強い根拠があるように見せかけるのです。

もっとも、法的な手続きは（政治的な手続きとは対照的に）事実と証拠に重きを置きます。そのため、実際には論拠を持たない対立屋は敗訴することが多いのですが、陪審員や裁判官によっては、感情的な説得や、攻撃の片棒を担ぐ人が持つ存在感のおかげで勝訴することもあります。

とある人身傷害事件で判決を覆したルイジアナの控訴裁は、（いかにも対立屋とおぼしきクライアントの攻撃の片棒を担いで）弁護士が取った感情的な戦術を批判して、次のように述べました。

弁護人は**陪審を混乱、激昂させようとして**裁判にふさわしくない行為、ふさわしくない最終弁論を行った……そのような行為には大きな懸念以上のものを覚える。今後もそのような行為を続けるのであれば厳しい制裁を課すことになるであろうことをここに警告する。もっとも、この懸念は制裁で済むようなものではない。何より懸念されるのが、弁護人が**いかなる犠牲を払ってでも**、長年かけて確立された法慣行に反することになろうとも、そしてどうやら**真実を無視してまでも**、勝とうとしているように見えることである。[31]

この訴訟は一九九六年に判決が下りましたが、裁判所が用いた「いかなる犠牲を払ってでも勝つ」、「事実を無視して」などの言い回しは今日の政治にも容易に当てはめられます。攻撃の片棒を担ぐ人が弁護士のような専門家の場合は対立屋よりも信用できるとみなされることも多いのですが、単に感情に訴えるやり方に引っかかっただけの人々の場合もあります。彼らは利用されているとわかると、対立屋のために戦うのをやめてしまいます。感情的に反応して攻撃の片棒を担ぐ人の支持は移ろいやすいのです。人々は定期的に対立屋に引っかかってはその攻撃の片棒を担ぎ、本当のことがわかると見捨てるということを繰り返しているため、対立屋は常に自分の攻撃の片棒を担いでくれる人を探しています。

ナルシストやソシオパスは非常に魅惑的なパーソナリティであり、自分の味方を集めることに長けています。自分に惚れさせ、仮想敵に対する戦いを支持させる話し方を知っているのです。恋愛においてもそうですが、政治の場合もまったく同じです。彼らは味方からの援護を求めて、最初から感情的な関係を構築します。自分はあなたを愛しているのだから、その見返りに、あなたからも愛されることを期待していると訴えるのです。ここで大切なのは政治や政策ではありません。本当に大切なのは、感情的な配慮や、感情の強度、感情的なやりとりの繰り返しなのです。

ただし、これはいかさま王の演技にすぎません。彼らは支持者を本当に愛しているわけではなく、攻撃の片棒を担いでくれる人の個人的、政治的なニーズも気にしていません。対立屋にとって大切なのは、自分がより大きな権力を握り、コミュニティや国家を支配できるようになることです。彼らは暗黙のうちに支持者に悪魔との契約を迫っているのです。こんなふうに。

あなたの力をすべて私にください。そうしたら、私はあなたを愛するふりをして、あなたのために「エスタブリッシュメント」や「エリート」、そして我らが偉大なる祖国への「侵略者」に反対意見を述べてみせましょう。ただし、実は私がなすことはすべてあなたたち全員に対する権力を掌握するための戦術にすぎません。あなたが邪魔になったり、裏切ったり、余計なものを期待するようになったら、私はあなたを見捨てるでしょう。

対立屋は支持者に「あなたたちは特別な人だから」と言って誘惑するだけではなく、古き良き時代を取り戻す、あるいは輝ける未来をもたらすこと約束します。政治的に右派の対立屋は栄えある過去——失われた大地主たちの楽園[32]——を取り戻すことを約束し、左派の対立屋は労働者の栄えある未来を約束することが多いようです[33]。

たとえば、ヒトラーの熱烈な演説は「特にご婦人に」喜ばれました。一九二二年には、その演説から目を離せなくなっていた女性のことを、あるアメリカ人記者が次のように述べています。

> 宗教的な儀式にのめり込んで感きわまったかのように立ち尽くしていたその女性は、ドイツの偉大なる未来を語るヒトラーの独裁的な信念に完全に取り憑かれて自分を失っていた[34]。

この偉大なる未来は、古き良き時代——ドイツが第一次世界大戦に負けてフランスに賠償金を支払わなければならなくなる前の時代——を取り戻そうという主張に基づいたものでした。ヒトラーはドイツをふたたび偉大な国にすると約束したのです。彼は極右でした。

一方、極左のスターリンが約束したのは、革命による偉大な未来でした。過去に実在したどの時代とも異なる、工場や農場が集産化され、資本家ではなく人民の手によって運営される時代のことです。一九二九年にあるアメリカ人がソ連の友人から受け取った手紙には、その友人が「興奮して感きわまり」筆をとった様子が見て取れます。その友人は都会暮らしの若い革命家で、農場を集産化するために田舎に行ったのでした。

私は他の准将仲間とともに村々を訪れ、［集団農場を］組織しているところだ。とてつもない大仕事だが、進捗は驚くほどだよ……自信を持って言うが、自分自身の土地に留まり続ける農民は一人もいなくなるだろう。われわれはいずれ資本主義の最後の名残を叩きつぶし、永遠に搾取から解放されることになる……。ここではまさに空気が新しい精神、新しいエネルギーで燃え上がっているんだ。[35]

この誇大妄想は、いずれも権力を握るためなら苦もなく人に嘘や誇張を語れる、いかさま王によって生み出されたものでした。そのような妄想から始まった物語は、戦争や飢饉、大量虐殺で終わりました。それによって生じた破壊を生き延びたかつての熱狂的な支持者の多くは、後に自分たちがどのように道を踏み外したかを書き残しました。[36] 対立屋は、途方もない目標を実現するため、支持者を誘導して非難の標的を破滅させるのです。

非難の標的を攻撃する

対立屋は、攻撃の片棒を担ぐ人を募集する一方で、絶えず非難の標的を言葉で攻撃します。この攻撃は、対立屋の支持者との絆を強めます。つまり「われわれは同じ標的に立ち向かう仲間だ！」というわけです。対立屋は支持者に、標的は邪悪な権力者で自分たちに対する陰謀を企てていると教え込みます。集会では大勢集まった支持者に語りかけ、集団への帰属意識や、指導者への従属、標的とした者への憎悪を深めます。また、このような集会はいかさま王のナルシズムを増幅させます。

また、対立屋は、支持者に非難の標的を言葉で攻撃させたり暴力をほのめかしたりするよう仕向けます。そうやって汚れ仕事を人にさせておいて、自分が頼んだわけではないと言います。「ちょっと言っただけ」だというわけです。

非難の標的になった人々は、不意を突かれて自分がおかしくなったように感じるものです。「自分はこんな仕打ちを受けるようなことをしたのだろうか」「私たちは友人だと――同じ目的を持つコミュニティの仲間だと――思っていたのに！」「ふつう自分の家（友人・同僚・同盟国）にこんな扱いはしないものだ！」

その古典的な例が、第二次世界大戦中のヒトラーによるソ連侵攻です。スターリンは何の備えもしていませんでした。自分はヒトラーの友人であり、ヒトラーがそんなことをするはずがないと信

〔図2〕対立屋のスプリッティング

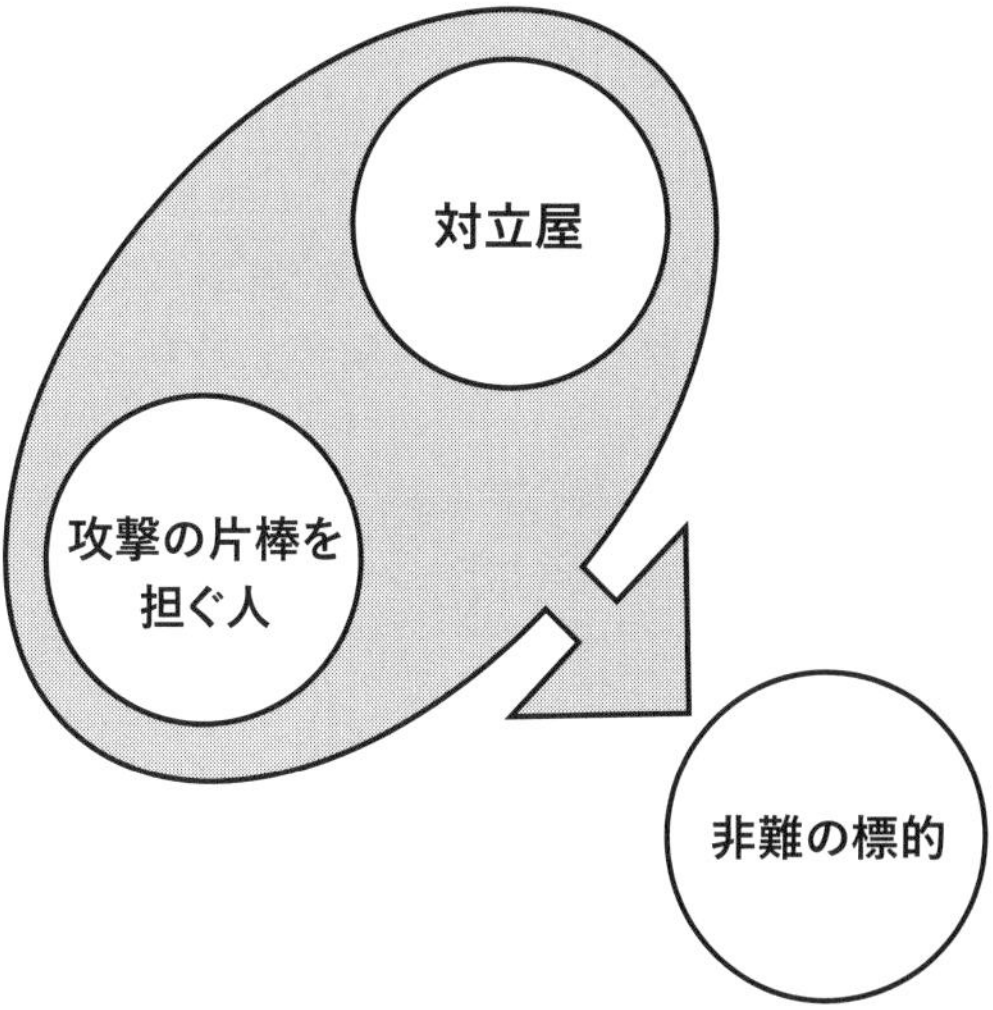

じていたからです。[37] いかさま王には道義心などないのです。

コミュニティを分断する

対立屋が支持者に標的を攻撃するよう教え込むときに用いる言動は、「スプリッティング（分裂）」と呼ばれる心理作用をもたらします。この用語はもう何十年もナルシストなどのパーソナリティ障害と関連があると考えられてきました。[38] その用語が示すとおり、こうした人たちは他者を「よい人」か「悪い人」、あるいは単に「勝者」か「敗者」として見ます。[39] 対立屋にとって中間は存在しないのです。彼らが感情的に仕掛けてくるスプリッティングによって支持者はしばしば自分では気がつかないうちに、特定された人々をすべてよいか、すべて悪いかで見るようになります。

［図2］はこの対立屋のパターンを図示したものです。

対立屋は、絶えず「よい人」や「悪い人」のことを話し続けることで、集団を分断します。そのために、噂を広めたり、脅迫のほのめかしをしたり、市民を罠にはめて相争わせたり、時には陣営の鞍替えをして他のすべての人々を狼狽させたりするのです。対立屋にとっては、個人を槍玉に挙げるだけですから気楽なものです。彼らは公的な場で攻撃を仕掛けたり、自分好みの問題で標的を非難したりしてコミュニティ全体をかき回し、その人のためになるとは限らない感情的な決定を全員に行わせます。標的となった人は、社会の中で自分の身を守る必要に迫られることに慣れていないため、しばしば恐怖に陥り身動きが取れなくなります。

この手口の原型をつくったのはヒトラーでしたが、以降、いかさま王たちのほとんど全員がそれを踏襲してきました。ヒトラーはこの手口を「精神的、肉体的なテロ」と呼んでいました。彼はこの手口を別の運動から学んだと言い、完全に使いこなしていました。

私はこの運動が特にブルジョワ［中産階級］に対して実践している悪名高い精神的なテロがどのようなものかを理解した。これは、いわゆるテロの道徳版ないし精神版ではない。合図一つで、敵がもっとも危険だと思っているものに対してまさに嘘と中傷の集中砲火を浴び

せて、攻撃された人物の精神を破壊するものだ……これは全人類の弱点を緻密に計算した戦術である。だから、ほとんど数学的な確実性をもって成功を収めるのだ……。[40]

そのような緻密な攻撃に加えて、いかさま王たちは簡単に手のひらを返して、相手を混乱させたり鎮静したりもします。彼らは、一方の集団が屈服すると、反対側の集団を攻撃します。彼らは終始このような対立を生んだことは相手の責任であると非難する一方で、自分がしてきたことの責任は一切取りません。スターリンはこのような手のひら返しが得意でした。

一九二四年にレーニンが死ぬと、スターリンは主要なライバルであったトロツキーに対抗するため共産党内での支持を取り付けていきます。スターリンはもともと「右派」で、一種の商業の自由や農民の土地所有を許容していましたが、トロツキーが率いる「左派」は農民にそのような自由を認めることは資本家が私腹を肥やすのを許すことだとみなしていました。

だが、一九二七年になるとスターリンは政策をひっくり返した。「左派」は十分に処分したので——トロツキーはすでに面目を失い、すぐに追放されることになる——今度は「右派」のブハーリンや新経済政策を攻撃する準備を始めたのである。別の言い方をすると、穀物危機や一般的な経済的不満を利用してソビエトの政策を急進化させ、このライバル集団を完膚なきまで破壊することにしたのだ。[41]

万人を支配する

他者に対する強烈な支配欲は、えてして衝動的、自動的、直感的なものであり、いかさま王が支配しようとしている人々や集団が屈するか、排除されるまで収まりません。攻撃の片棒を担ぐ人々——彼らの支持者——は、喜んで屈服します。コミュニティの中で標的とされた人々は、屈するか、去るか、破滅に追い込まれます。

まとめ

このように、いかさま王は万人に対する権力を一つずつ掌握していきます。多くの人は彼らもいずれは自分を抑えて理性的になるだろうと信じるのですが、彼らは決して満足しません。より大きな力で止められるか（ヒトラーは連合国軍が出てくるまで止められませんでした）、肉体の限界に屈するまで（スターリンは脳卒中で死ぬまで三〇年以上も権力を握っていました）、進み続けます。

なぜ人々は彼らをもっと早く止めないのでしょうか。一部の人は、彼らがまだ止められるうちに対立屋のパターンを見抜いているというのに。

第3章 有権者の四分割

対立屋が仕掛ける強烈な感情戦にさらされた有権者は、（私が見聞きしたり、歴史上の指導者や現存する指導者について読んだ限りでは）四つの集団に分裂する傾向があり、それがいかさま王の選出や支配を確実にする一助となっています。この四つの集団は有権者の気質や個人的な感情のスタイルをもとにしたもので、パーソナリティ分析やパーソナリティ障害の標準的な分類によるものではありません。これらの集団は流動的で、選挙のたびに別の集団に移る人もいます。

四つの集団

対立屋によって分断される四つの集団は、次のとおりです。

熱烈な支持派

対立屋の味方です。彼らは指導者のためなら何でもします。対立屋は特別な人物であり、他の人が見向きもしなかった自分たちのニーズを満たしてくれると信じています。彼らは対立屋が自分たちに向かって、自分たちのことを思って語りかけていると信じており、一般的に、対立屋が非難の標的を攻撃するのに賛同します。

続く三つの集団は一般的に対立屋が標的を攻撃することには賛同せず、三者三様の感情的な対応をします。

憤る抵抗派

対立屋の強敵です。彼らは対立屋の言動を危険視し、強く反対しないとコミュニティや国が悲惨な目にあうと考えます。

おとなしい穏健派

穏健派は、対立屋の言動はおおむね政治的なものであるとみなして、政党や政策に基づいて賛成なり反対なりの票を投じます。彼らは対立屋の性格的な欠点や攻撃はささいな、あるいは一時的なものだと考え、ほぼ無視します。

幻滅した棄権派

棄権派は政治にもっとも強い嫌悪感を示し、政治には関わりたくないと考えています。自分の一票に意味があるとは思っていないため、わざわざ投票しません。対立屋も他の政治家とまったく同じだとみなしています。

〔図3〕はこの四つの集団を図示したものです。

対立屋が感情的な攻撃を行うと、すべての集団が非常に感情的に反応し、ぶつかり合います。それによって対立を煽る指導者と支持派の結びつきはさらに強まり、他の三つの集団を無力化していきます。次に、感情的な反応のパターンを説明します。本書で取り上げる例で見てもこのパターンは驚くほど首尾一貫しています。

［図3］対立を煽る政治家による4分割

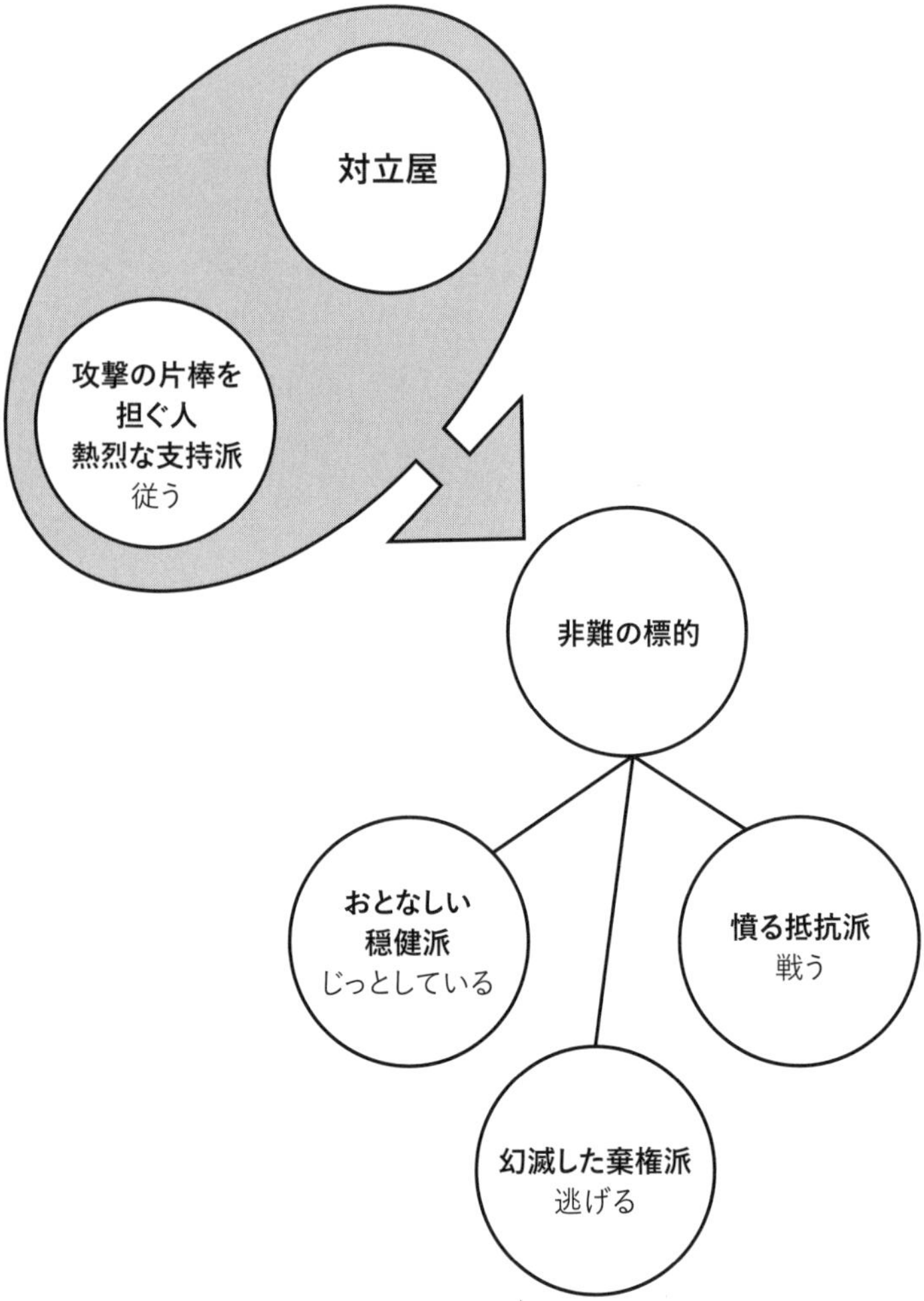

熱烈な支持派

支持派は、自分たちの指導者を批判し、自分たちを見下す抵抗派を軽蔑します。抵抗派は愛国心がなく、もしかすると邪悪な存在なのかもしれないと考えて憎みます。穏健派については、政治的中心にいる傾向が強いことから単に「エスタブリッシュメント」の代表として切り捨てます。支持派は感情的な刺激に反応して対立屋に従うようになるのです。

憤る抵抗派

抵抗派は支持派を軽蔑します。支持派がなぜいかさま王を支持できるのか理解できず、支持派は愚かだと考えます。穏健派に対しては、能天気で、対立屋の要求にやすやすと応じすぎると考えます。また、棄権派にも腹を立て、投票しないことを恥じるべきだと言います。抵抗派は感情的な刺激に反応して対立屋と戦うようになるのです。

おとなしい穏健派

穏健派は、自分たちの穏やかな価値観に喧嘩を売ってくる支持派の極端な言動を嫌います。また、抵抗派も嫌いです。彼らのように怒り、抗議する必要性を見いだせず、それを見てうんざりさせられるからです。また、棄権派には総じて失望しています。穏健派は、世の中が分断されるのはよくないと感じていますが、なぜ分断が起こり、どうすれば軽減できるのかはわかっていません。穏健派は感情的な刺激に反応して身動きが取れなくなっています。

幻滅した棄権派

棄権派の中には、対立屋の攻撃的な性質を嫌う人もいますが、対立や分裂を招いた支持派と抵抗派にも責任の一端はあると考えています。棄権派は、両方の陣営から自分の側に投票するよう圧力をかけられていると感じ、たいていは「政治的な」人々を無視して自分の生活に集中します。棄権派は、感情的な刺激に反応して逃げ出してしまうのです。

いかさま王は、対立や混沌、危機、恐怖が続いているように演出し、この四つの集団を紛争状態や膠着状態に巧みに保ち続けます。演説を繰り返し、それぞれの集団の言動を利用して他の集団の怒りを煽るようにするのです。彼らが権力を握り、その座に居座れるのはそのためです。

興味深いことに、こうしたやり方で成人人口の四〇％（支持派）程度以上の支持を得ることはありません。そのため、他の三つの集団（合計六〇％）がまとまればたやすく多数派になることができるのですが、この三つの集団はしばしば分断されたまま、感情的に無益なことをしています。（先に［図3］で示した）有権者の四分割の例を特定の選挙に当てはめた例を、第8章の「二〇一六年のアメリカ大統領選挙」と題した一節で説明しました。この枠組みを別の例に当てはめてみたい方は付録Cを活用してください。

文化的リーダー

このような戦いや対立が続くのはもっぱら対立屋のせいであって、他の集団が悪いわけではありません。分断は空から降ってくるものではないのです。対立屋が社会の価値観に影響を与える文化的リーダーになると、問題解決の際にコミュニティや国家が敵対的なアプローチを取るか協調的なアプローチを取るかががらりと変わります。

これはまるでスイッチを切り替えるようなものです。協調型の指導者は言葉を尽くして分断を克服し、コミュニティを鼓舞して、共通の課題を実現するために小異は脇に置くよう呼びかけますが、分断を煽る指導者（対立屋）は言葉を尽くして人々を反目させ、コミュニティ内部の個人や集団に対して行動を起こすように仕向けます。分断は彼らがそのようにして仕込んだものであり、コミュニティの考え方を反映したものではありません。第2部ではそのような例を何度も見ることになります。

皮肉なことに、対立屋はこのような対立の「両方の側」を煽ることができます。支持者をおだてつつ、分断された集団の一方を攻撃し、返す刀でもう一方の集団を攻撃するのです。この分断された反対派は、対立屋に好意を持っているわけではないのですが、別の反対派に対する対立屋の批判に同調する傾向があり、それが投票パターンにも反映されます。この四つに分断された集団には多少の流動性はあるので、文化的リーダーが集団の一部を別の集団に移動させてしまうこともあります。ただ、基本的なパターンは歴史を通じてほぼ一貫しています。

ヒトラーの場合

ヒトラーが攻撃の片棒を担ぐ人々（支持派）をまとめてナチ党を立ち上げたとき、おもな手段としたのは、ドイツ国内にいる少数の（当時の国民の約一%）ユダヤ人を非難の標的とすることでした。一九二〇年代には小さな地方政党だったナチ党は、一九三二年七月の選挙でドイツの第一党となりました。この選挙で、彼らは国会でおよそ二三〇議席を獲得します。社会民主党は一三三議席、（カトリック系の）中央党が七五議席、共産党が八九議席でした。[42]

それまで政権を握っていたのは社会民主党でした。社会民主党は、本質的には中央党とともにおとなしい穏健派でしたが、ヒトラーは彼らをエスタブリッシュメントとみなして悪意に満ちた攻撃をしました。彼らのせいで第一次世界大戦に負けたと非難し、社会民主党はユダヤ人にコントロールされているという嘘の主張をしたのです。

ドイツ共産党（抵抗派）は、ソ連共産党のスターリンの指示で社会民主党を集中的に攻撃していました。スターリンがナチ党には将来性はなさそうだと見切りをつけていたためです。社会民主党も共産党の方が脅威だとみなしていたため、この二つの集団はお互いに力を削り合っていました。社会民主党は、社会民主党とともに、ナチ党への攻撃を緩め、共産党との血みどろのストリートファイトを繰り広げました。この一九三二年七月の選挙で投票しなかった人（棄権派）がどれだけいるかはわかっていません。

ナチ党は、同年一一月の選挙では二〇〇万票を失い、一九六議席しか獲得できなかったものの、第一党を維持したため、一九三三年一月にはヒトラーが首相に任命されました。[43]このとき他の党が積年の足の引っ張り合いをやめて、ヒトラーの資質を見抜いていたら、第二次世界大戦や、ホロコーストを防ぐことができていたかもしれません。

スターリンの場合

一九三〇年代のスターリンは、ソ連の農場を大きく集産化して、より効率よく、より多くの穀物を生産できるようにし、それを売って産業機械を購入することを目論見ました。[44]また、この集団農場化は、一八六一年のロシア皇帝による農奴解放令後に農民たちが育んできた資本家的な傾向を一掃するのにも役立つだろうという思惑もありました。[45]

スターリンはこの土地を所有している抵抗派の農民を非難の標的とみなし、彼らを「富農〈クラーク〉」と呼びました。この言葉はロシア革命以前からありましたが、当時は「単にうまくやっている人、あるいは人を雇って働かせる余裕がある人の意味で、必ずしも裕福な人の意味ではありません」でした。[46]

［あるソビエトの指導者によれば］「この徴用が富農と村の貧農との内乱を意味するというのなら、内乱万歳だ！」……ボリシェヴィキは村々の内部の分断を積極的に深めようとしていた。怒りや恨みを用いて自分たちの政策を推し進めるためである。[47]

とある農民との定期会談では、都会から来た若い革命団の「プロパガンダ屋」が次のようなやり方で農民に集団農場への登録を促していました。

「さあ！　もう時間も遅いですよ」男はわれわれにそう催促した。「早く登録すれば、それだけ早く帰れます」。誰も動かなかった。全員が黙って座っていた。戸惑い、不安そうにしていた団長が、プロパガンダ屋の耳に何事かをささやいた……われわれは沈黙を守った。それが職員、とりわけ団長を苛立たせた。プロパガンダ屋が注意を与えた途端、団長がテーブルの向こうから飛び出してきて、最初に行き当たった男をつかまえると、激しく揺さぶった。「貴様……貴様は人民の敵だ！」と団長が叫んだ。逆上して声が詰まっていた。「いったい何を待っている」。[48]

私が描写するなら、この農民たちは怒れる支持派と怒れる抵抗派の板挟みになった穏健派です。彼らはボリシェヴィキに協力しているわけではありませんでしたが、真剣にやり返すこともしませんでした。このような分断のおかげでスターリンは分割統治できたわけです。スターリンは汚れ仕事の大半を支持派（都会の革命家や地方の村人の一部など）にやらせました。その中には農場に暮らす一家から食糧や備品を強制的に徴発し、食べるものを一切残さないようにすることも含まれていました。そのせいで飢饉が発生し、一九三三年までに何百万人もの人々が死に至りましたが[49]、その間も農民の抵抗派や穏健派（そして大都市へと去っていった棄権派）の方が支持派よりも多かったのです。

感情は伝染する

情報や通信、論理的な問題解決法がこれほど急速に発展した世紀に、いかさま王たちはどうしてあれほど支持者を獲得し、批判する人々を恫喝することに成功しているのでしょうか。

答えは単純で、彼らが他の誰よりも「感情的なやりとり」や「感情的な関係」を効果的に活用できるからです。いかさま王たちはこれらのテクニックを目をつぶっていても使いこなせるのです。

なにより感情は伝染します。そして「高ぶった」感情――恐怖、パニック、嫉妬、恨み、怒り、逆上――はことさら伝染しやすいのです。穏やかな感情は日常生活の一部であり、私たちの意思決定や他者とのつきあい、有意義な人間関係の構築に役立ちますが、感情が高ぶると、鼓動が速くなり、精神的な視野は狭くなり、筋肉は戦いや逃亡、硬直モードになり、論理的な問題解決を司る脳の部分が働かなくなります。あっという間のことなので、私たちは自覚することさえできません。

脳の研究者によると、私たちはお互いの感情を「捉える」ことができます。不安になっているときは特にそうです。そのとき特に大きな役割を果たす部分が脳内に二つあります。一つは扁桃体です。

> 扁桃体が他の人の顔にあらわれた恐怖の印を見つける速度は驚くほどだ。〇・〇三三秒、人によってはわずか〇・〇一七秒という速さなのである……あまりに速いため、その認識に意識は追いつけない（その結果として生じる漠然とした不安には気がつくかもしれない）。だが、「他者の感情に」意識的に気づいていないとしても、私たちは驚くほど簡単にそれを受け入れているのだ。[50]

もう一つは「ミラーニューロン」です。これは、私たちが目にした他の誰かの言動と同じものを、意識的な思考なしに私たちの脳内や体内で再現してみせるもので、子供たちはもっぱらそのようにして学び、大人たちがすぐに集団行動に加われるのもそのおかげだといわれています。

> このシステムは「われわれに、概念的推論ではなく直接的なシミュレーションによって、つまり**考えるのではなく感じることで**他者の気持ちを把握できる」ようにする。

われわれが特定の瞬間に重要な事柄への感覚を即座に共有できるのは、このように二つの脳の間で並行して回路が起動するからである。[51]

また、脳の研究によれば、特定の状況で誰が権力を握っているのかはっきりとわからない場合は、もっとも感情表現が豊かな顔の持ち主が集団の注目を集めるといいます。[52]感情表現が豊かな相手に恋してしまうのと同じように、私たちの脳は感情表現が豊かな指導者に従ってしまうのです。どちらの場合も、私たちの感情は私たちの意識のレーダーが捉えられないところで動いています。私たちは何がどうなっているのかわからないまま魅了されてしまうのです。

ナルシストやソシオパスは直感的にそのことを知っていて、常に人々を誘導します。人々は彼らの豊かな感情表現に引き込まれてしまうのですが、彼らは支持者のことなど気にしていません。後になってようやく人々は自分たちが操られて道を踏み外していたことに気がつきます。認めるのが恥ずかしくてそんなはずはないと思い込もうとしがちです。

たとえば、スターリン配下の若き革命家の一人は後に、自分がスターリンやその仲間たちにだまされ、集団農場化を強制しようとして何万人もの農民を餓死させるのに貢献したことに気づいて深い後悔を表明し、当時の自分は「一種の知的盲目」状態にあったと語っています。

自分が精神的苦痛を受けないよう、目を――心を――半分閉ざして不愉快な真実を視界に入れないようにする。しどろもどろな言い訳をし、誇張やヒステリーといった言葉を使って、自分が知ったのはたいしたことではないと思い込む……。われわれは「農民前線」「富農〈クラーク〉の脅威」「村社会主義」「階級レジスタンス」といった言葉を使った。われわれは自身と折り合いをつけるため、言葉を偽り、現実を認識できなくなるまでごまかさざるをえなかったのだ。[53]

この感情の伝染は、誰にでも起こりうるものであり、実際に起こっています。私たちは、誰もが感情的になるよう誘導されているのです。もっとも、その方向性はさまざまで、戦う人もいれば、逃げる人も、固まってしまう人も、従う人もいます。ここで学ぶべき教訓は、「私たちの側」に立っているように見える指導者が「敵に立ち向かう私たち」という言い方をしているときは、その感情的なメッセージをただ受け入れるのではなく、そのような感情の伝染の発生を監視し、みんなで協力してそれに対処する必要があるということです。

集団ごとに異なる考え方

もう一つ理解しておきたいのが、異なる政治集団に属する人は考え方も異なる傾向があるということです。私たち有権者が分裂して言い争ってしまう理由の一つは、自分たちと異なる意見を持つ人は愚者か悪人と想定してしまうからですが、私たち個々人の脳は――おそらく生まれたときから――それぞれ異なったものの見方をするようになっているのです。[54]

たとえば、一部の人々は、忠誠を高く評価し、権威に従い、自身が属する集団には共感を示し、知らない人を疑い、確実性や安定性を求める傾向を持っています。このような人々は一般的に保守寄りになります。また、新しいものや変化を求め、見た目の異なる人々に興味を持ち、知らない人でも困っていれば共感を示す傾向を持つ人もいます。このような人々は一般的にリベラル寄りです。[55]

このような保守とリベラルというパーソナリティの違いは政治以外のところにも存在します。たとえば、共和党員は民主党員より三倍も悪夢を見ているという調査もあります。[56] また、リベラルは「保守よりも旅行本を所有している可能性が高い」という指摘もあります。[57] ある研究では、四歳の子供にもこうした異なるパーソナリティの徴候が見られることがわかっています。[58]

政治的志向に関する生物学や心理学の研究を続けてきた三人の政治学者たちは、私たちの言動の大部分は、リベラルや保守派のパーソナリティの一部の特性なども含め、生来の傾向によるものだと考えています。この学者たちは、私たちが何に注目し、何を嫌悪し、誰に仲間としての魅力を感じるかは、他の多くの特性と同様に、政治的傾向にある程度一致する、としています。「政治的左派にも政治的右派にも一部にはそのような傾向がありました。だから彼らはどうやっても説得できないのです」[59]。

他の専門家たちも、私たちの政治的なパーソナリティは、おもに遺伝や、幼少期の育成環境、文化的な経験の影響を受けながら、成人期までにはほぼ定着するようだという点では意見が一致しています。

［大半の］人々は、両親から所属する政党を引き継ぐか、青年期の初期に何らかの政党に愛着を持つようになる。中年になって政党を変える人はほとんどいない……。一度政党に愛着を持ったら、人々は自分の哲学や現実認識を歪めてでも、ますます政治的な仲間との足並みを揃えるようになる。[60]

ただし、たいていの場合、人は異なる政治的傾向を持つ人々とも仲良くできます。そこにいかさま王が入り込み、その違いを繰り返し強調して、わざと人々を分断するよう仕向けたとき、深刻な問題が起こるのです。では、彼らが人々を分断するうえでもっとも強力な道具の一つとしているものは何でしょうか。

恐怖因子

有権者の分裂を推進するもっとも強い感情は恐怖です。「脳機能イメージングの研究によれば、脳内で恐怖を司る扁桃体は、実はリベラルよりも保守の方が大きいことがわかっています[61]」「ひったくりにあったリベラルは保守になる」と言われたりもしますが、リベラルも、「疲れたり、空腹だったり、慌てていたり、気が散っていたり、気分が悪いときは」一時的に保守派のように振る舞うことも指摘されています[62]。

一方、イェール大学では、飛行機に乗って空を飛ぶといった危険をともなう状況を想像したあと、完全に安全な状況にいることを想像したあとに、リベラルと保守のものの見方がどうなるかに焦点を当てた研究が行われました。空を飛ぶ想像をしたあとに書かせた社会問題に関するレポートには、その想像で恐怖感が増したせいなのか、リベラルと保守では典型的な違いが見られましたが、「完全に安全な状況を想像した直後だと、共和党員は著しくリベラル寄りになりました――社会的態度に関する見方が民主党の回答者と同じようなものになったのです[63]」。

多くの政治家は、権力は組織力や優れた政策に由来するものだと言うのでしょうが、ヒトラーが一歩一歩権力を掌握していったように、いかさま王が重視するのは恐怖やテロです。ロシア生まれの作家マーシャ・ゲッセンは、近著でウラジーミル・プーチンの来歴や大統領としての仕事ぶりを分析しながら、次のように述べています。「イデオロギーが重要だったのはほんの最初期、将来全体主義的な統治者となる者たちが権力を掌握するまでのことで、その後はテロが始まった[64]」。

二〇一八年のアメリカで『FEAR　恐怖の男　トランプ政権の真実』（日本経済新聞出版）というタイトルの本が登場したのも興味深いことです。著者のボブ・ウッドワードは同書で大統領候補時代のドナルド・トランプの次のような発言を引用しています。「本当の権力とは――こんな言葉は使いたくないが――恐怖のことだ[65]」。

覚えておいてください。大切なのは政治ではありません。パーソナリティなのです。

まとめ

現実的には、家庭でも職場でもコミュニティでも国でも、新しいものを求める気持ちと安定を求める気持ち、知らない人に対する寛容と用心、指導者への忠誠と懐疑、恐怖に対する感受性のバランスを取るために、リベラルと保守派の双方がそれぞれに役割を持っています。ところが、対立屋は、自分が権力を握るために感情戦を用いて人々を誘導、攻撃、分断、支配して、混沌や対立、混乱、恐怖を生み出します。

いかさま王が極左の場合、傾向として支持派はリベラルに、抵抗派は保守になります（ただし、いかさま王に呆れて抵抗派になるリベラルもいます）。同様に、いかさま王が極右の場合、傾向として支持派は保守に、抵抗派はリベラル（と、いかさま王に呆れた保守）になります。これらはおもに感情的な傾向であることは覚えておいてください。

私たちはこの感情戦に対して、先天的なものか後天的なものかはともかく異なった反応をします。

無意識のうちに、戦うか、逃げ出すか、固まるか、従うようになり、いかさま王が選出されるのを一致団結して止めることができるはずのところで、罠にはまって意見のすり合わせができなくなるのです。では、二一世紀にもなってなぜこのような一見あからさまな操作が減るどころかむしろ増える傾向にあるのでしょうか。

第4章 感情を煽るメディア

メディアが用いる技術はこの三〇年でとてつもなく変化しました。コミュニティや国家において一身に注目を集め、ありとあらゆる人やものを管理したいと願う対立屋が最近増えてきたのは、次の七つの大転換が下地をつくったと考えられます。

1 顔や声を用いたニュース

活字メディア――新聞、雑誌、書籍――は、何世紀にもわたって、私たちの主要なニュースソースであり、有益な情報源でした。いまやそうではありません。私たちは活字以前に存在した顔や声という非常に感情的なものにふたたび大きく頼るようになりました。

テレビやラジオ、映画、ストリーミングビデオ、ソーシャルメディアはいずれも、思慮深い

〔図4〕理性的なメディア対感情的なメディア

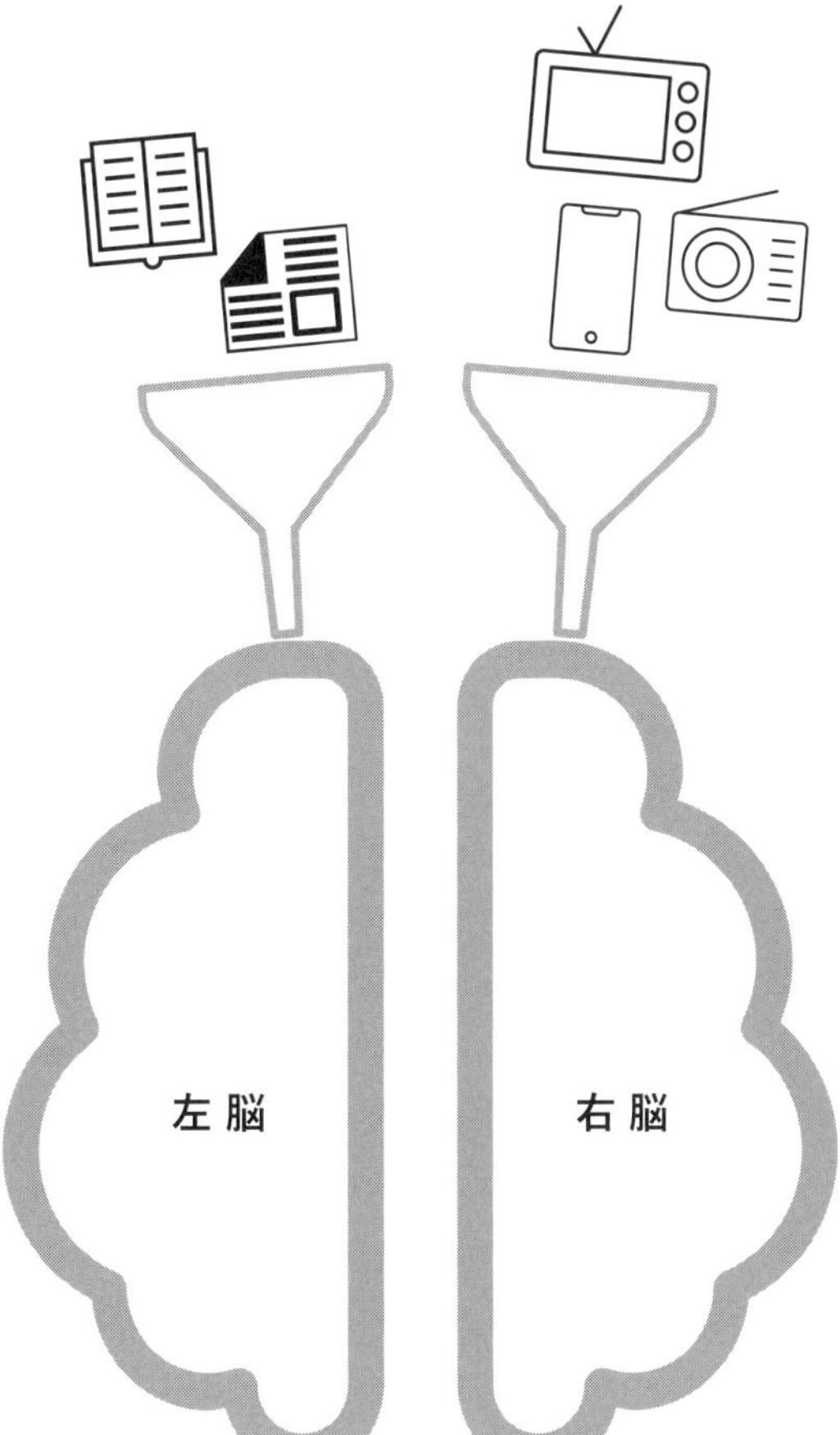

問題解決に必要な詳しい情報も発信しますが、それ以上に顔や声を用いて強く感情に訴えかけます。今日では新聞や雑誌でさえもがウェブサイトやポッドキャストに多くの顔や声を載せています。

昔ながらの書籍や雑誌、新聞でも感情を煽ることはできます（トマス・ペインの『コモン・センス』やアドルフ・ヒトラーの『わが闘争』を思い出してください）。ただし、それは単に、私たちが日頃から書籍や雑誌、新聞を有益な情報源としているために劇的な見出しや文章が目に入ってきやすいからなのです。

第3章で説明したように、感情は伝染します。また、感情は私たちの意識には気づかれないように私たちの脳の中に滑り込むこともできます。［図4］は、情報がいまどのように私たちの心に流れ込んでいるかをイメージであらわしたものです（簡単に言うと、左脳は一般的に言語を処理し、右脳は一般的に表情や声のトーンを処理します。これは政治的な左派、右派とは無関係です）。

2 メディアの競争

この三〇年間で現代的なメディア企業は爆発的に増えました。ケーブルテレビ、インターネット、コミュニティテレビ、ソーシャルメディアといったもののすべてが主要なネットワークやテレビ局と競争しているのです。私たちが見るべきニュースを思慮深く決めてくれるウォルター・クロンカイトのようなアンカーマンはもはやいません。そのかわりにこれらすべてのメディア企業が――もっとも慎重なところから明らかに反社会的なところまで――「マーケットシェア」を求めて競争しているのです。

この競争を勝ち抜くため、多くのメディア企業はしばしば可能な限り極端で注目を集める悪いニュースを見せます。これは（特に印象的な顔や声を用いて）人々を感情面で捉えるためです。

3

対立を煽る出演者

メディア企業がいま、これまで以上に大々的に焦点を当てているのが著名な出演者と、彼らのやりとりです。どのような出演者に焦点が当たるかといえば、私たちの注意をもっともうまく引きつける人々です。極端な魅力や自信を見せる人。興味をかきたてる人。気分の揺れが激しく、予測できない言動をし、他人の非難に夢中になっている人。聞き覚えがありませんか。

そう、対立を煽るパーソナリティです。現代の感情を煽るメディア企業がスポットライトを当てて――切望して――いるのが、対立を煽るパーソナリティです。そして、私たちも無意識のレベルではそうなのです。私たちの脳は、自分たちが確実に生き残ることができるよう、他の何よりも対立や危機、混沌、恐怖に焦点を当てるようにできています。その結果、ヒーローと悪者、潜在的な脅威と攻撃、勝利と敗北といった単純な物語により注意を払ってしままうのです。こうしたストーリーを自分自身をヒーロー役にして私たちに提供し続けるのが対立屋という存在なのです。

4　昼も夜もドラマ三昧

現代的なデジタル技術のおかげで、私たちは昼夜を問わず、いつでも好きなときに――たとえ仕事中であっても――好きなだけ映画やテレビ番組を見ることができます。また、何時間でもビデオゲームをすることもできます。いまの大人は毎日平均して一一時間も画面の前にいるのです（仕事をしている場合も含めて）[66]。

ただ、私たちが画面を通じて消費しているものの多くは、たとえばヒーローと悪者が登場するフィクション、『グランド・セフト・オート』のようなビデオゲームシリーズ、世界大戦ゲーム、邪悪なモンスター、驚くべきスーパーヒーローなどが登場する架空のドラマです。

そして、こうしたドラマの多くのテーマとなっているのが、敵対的な手法で対立を解決することです。重大な危機がある！　悪者がいる！　でも信じられないほど強いスーパーヒーローが、私たちの敵を叩きのめしてくれるだろう！　人は感覚的になればなるほど考えなくなります。

5　個人的メッセージ

今日、政治家個人がメディアを通じて非常に親密で個人的なメッセージを発することができるようになりました。彼らは、私たちが居間や寝室にいても、画面いっぱいに顔を映し、声を響かせ、説得力のある言葉を使って語りかけます。すでに見てきたように、ナルシストやソシオパスは親しげに人を誘導します。彼らは私たちが聞きたがっていることを見つけては、聞きたかったとおりに話してくれるのです。そうやって誘導した人を操ることに特に長けています。彼らは私たちの弱点を感じ取り、その弱点を利用して、私たちを心の底から恐れさせることも、私たちがいかに特別な人間かを語ることもできます。実際、彼らはその両方を行います。

一九三〇年代にはアドルフ・ヒトラーが自宅にいる何百万ものドイツ人に定期的にラジオで語りかけました。一九五〇年代にはジョセフ・マッカーシーが政府内に潜む（と言いつつ、自分では一人として見つけられなかった）共産党員に関する公聴会の中継を通じて、アメリカでテレビを所有していた大半の家庭に自分の声を届けました。ドナルド・トランプは、二〇一六年のアメリカ大統領選挙の期間中、そして大統領になってからの最初の二年間、ほぼ毎日ツイートしました。そのツイートはリツイートされただけでなく、大手ニュースメディアのほとんどが繰り返し報道しました。なぜかといえば、そのツイートが世界でもっとも影響力のある人間によるものであり、また、その内容があまりにも突飛で感情的に興奮させられるものだったからです。つまり、メディア企業にとって視聴率やページビュー、販売部数を稼げるコンテンツだったからです。私たちは新しいマスメディアの手法が登場するたびに過剰な力や意味を与えてしまうようです。そしてその後、その手法は自分たちを操るのにも便利に使われるのだと気づいて、ようやくその力を制限し始めるのです。

6　きわめて強い伝染性

顔や声を用いる今日のメディアが感情的なメッセージを伝える速さには驚嘆させられます。フェイスブック、ユーチューブ、ツイッターなどのソーシャルメディアプラットフォームが発展させてきた拡散力は信じがたいほどで、いまでは政治的なメッセージが――真偽は問わず――地球上を駆け巡っています。ある大がかりな研究によると、感情的な嘘のニュースの方が速く、遠くまで広がります。

> 嘘のニュースは事実よりも多くの人々に届いた。もっとも拡散された上位一%の嘘のニュースは一〇〇〇人から一〇万人の人々に届いたが、事実が一〇〇〇人以上の人々に拡散されることはめったになかった。また、嘘は事実よりも速く拡散された。この観測結果の違いは、新規性の程度と受け手の感情的な反応によるものかもしれない。[67]

二〇一六年のアメリカ大統領選挙で最大の争点の一つとなったのが、他国の政府――特にロシア

――が有権者を操り、嘘のニュースを信じ込ませる手助けをしたかどうかでした。国内の新聞記者は次のように書いています。「フェイスブックがなければおそらくドナルド・トランプは大統領にはなれなかっただろう……。ロシアの偽情報を媒介するにはこのプラットフォームが不可欠だった[68]」。

フィリピンでは、ロドリゴ・ドゥテルテが選出されたのはソーシャルメディア上で拡散したフェイクニュースのおかげだとされています。

ドゥテルテ氏のフィリピンでは、インターネットは脅迫や欺瞞のはけ口となっている……。フィリピンのインターネットニュースのほとんどはフェイスブックが情報源なのだ。これは負け戦だ――フィリピンではあまりにも嘘のニュースが根づいているため、フェイスブックの重役はフィリピンを世界的に蔓延する誤報病の「最初の患者」と呼んだほどである。[69]

7 思考力を損なう

今日のメディアが宣伝する情報の内容だけでなく、それを「見る」というプロセスそのものにも問題があります。マーシャル・マクルーハンが言っていたように「媒体こそがメッセージ」なのです。[70]画面は私たちに次のような影響を与えます。

画面は貪欲だ。認知レベルではまるで吸血鬼のように目を離せなくなる。画面を見てしまったら基本的にはもうおしまいなのだ。それを裏付ける研究もある。たとえば、テキサス大学のビジネススクールでマーケティング学の教授を務めるエイドリアン・ウォードが率いるチームにより、目に見える範囲内にスマートフォンがあるだけで**認知力が著しく低下する**ことが発覚した。[71]

今日の対立を煽る政治家は、ここで取り上げたさまざまな傾向のおかげで、過去のいかさま王たちよりもはるかに強い感情的影響力を持つようになりました。いまや感情戦こそが現代政治の肝なのです。感情戦は論理のレーダーをかいくぐり、毎日毎時間、一度に数千、数百万人もの人々に親しげに感情を届けています。

暗いニュース

感情を煽るメディアが勃興したことで、私たちの多くは世界を非常に感情的な目で見るようになりました。世界は往々にして危険で敵対的な場所であり、私たちには数々の悪者から守ってくれるヒーローがどうしても必要なのだと思うようになったのです。まるで昔の人々のように。

ただし、この見方はほぼ間違っています。全体として見れば、今日の生活は過去のどの時代と比べても危険ではありません（顕著な例外はありますが）。一般的に、私たちのほとんどは過去のどの時代よりも戦争や貧困を経験しておらず、一般的に健康で長生きしています。[72]単に昔より危険で怖いと「感じている」だけなのです。その背後には、この三〇年間私たちのまわりに存在してきた感情を煽るメディアがあり、私たちを怖がらせて操るためにそれを利用してきたいかさま王たちがいます。

暗いニュースばかり消費している人は、当然だが陰気になる。最近のある批評家の言葉を借りれば、「リスクの軽視、不安、気分の低下、後天的な無力感、他者への軽蔑や敵意、感情の麻痺、場合によっては……ニュースを完全に避けるように」なるのだ。そのような人々は運命論者になり、「なぜ自分が投票しないといけないんだ。無駄じゃないか……」などと言う。[73]

私たちが怖がってそのように「感じる」ようになると、対立屋はその恐怖をまたとない突破口として一歩踏み込み、支持者を増やし、権力を握ります。覚えておいてください。第3章でも説明しましたが、人は不安を感じると、他の人々の感情――特に対立を煽る感情を吸収しやすくなるのです。

また、メディアが暗いニュースばかり流していると、政治的な雰囲気も変化して、より極端な解決策が受け入れられるようになります。

ジャーナリズムは、もう何十年もうまくいっていないことや治ることはないであろう病気にばかり焦点を当て続けてきたことで、トランプという不満や絶望の種が根づく土壌を用意してきた……。その一つの結果として、今日多くのアメリカ人は、漸進的な変化を約束されても、それを想像できなかったり、その価値を評価できなかったり、さらにはそのようなものがあると信じることさえできずに、革命的な、打ち壊し運動のような変化をより強く求めるようになっている。[74]

非難の政治文化

誰かを非難する政治文化が始まったのも一九九〇年代のことでした。それまでの五〇年間、アメリカ人（と、自由主義世界の多くの人々）には共通の敵——冷酷で強力な、恐ろしい敵——がいました。ソビエト連邦（ソ連）です。アメリカとソ連はその五〇年間の大半を何千発という核ミサイルを相互いに向け合って過ごしていました。

その後、一九八九年にベルリンの壁が崩壊し、続く数年でソビエト連邦も崩壊しました。ソビエト連邦は文字どおり存在しなくなったのです。その後、独立したとはいえ一般的には弱い国家が数多く生まれました。突如としてソビエト連邦からの核の脅威が劇的に減少したのです。同じように、アメリカでは何十年にもわたる正当な恐怖や怒り、非難が突如として標的を失いました。

すると、不思議なことが起こり始めたのです。アメリカ人は国内に目を向けて、非難や恐怖の対象となる新しい敵を探し始めました。そして、家庭内や隣人に敵を発見したのです。

その結果、国内の政治も変わり始めました。私たちが選出した政治家たちは、特に国政レベルでは、年々お互いを対等の仲間と見なくなり、恨みがましく相手の邪魔ばかりするようになったのです。上院のダイニングルームでランチをともにするかわりに、民主党員も共和党員も対立政党を不倶戴天の敵と宣言し、個人的にも政治的にも、昔ほど一緒に過ごさなくなりました。過去の妥協や協力は、敵対的な考え方に取って代わられました。一九八〇年代のロナルド・レーガンとティップ・オニールによる協力の時代さえ、もはや過去のことでした。

この論調の変化は、ジョージア州選出の下院議員で、後に下院議長となったニュート・ギングリッチのせいだと言う人もいます。

ギングリッチが計画したサボタージュによる連邦議会の征服は、一九八八年の時点ですでにかなり進行していた……。ギングリッチは自分たちの敵にキャッチーなあだ名――「ダメ

夫のデュカキス」「錯乱左翼」――をつけて、追い討ちをかけるよう働きかけ、血なまぐさい派閥争いに加わらせたのだ。ギングリッチは、GOPAC［腐敗に反対する国会議員によるグローバルな組織］を通じて「ニュートのように話したがった」全国の共和党候補者にカセットテープやメモを送った。慎重に磨き上げられた攻撃用のセリフを提供し、この世代の保守派のために文字どおり新しい語彙を生み出したのだ。「言葉――人をコントロールする重要な仕組み」と題されたメモには民主党員を描写するときに勧める単語のリスト――病んだ、哀れな、嘘つき、反国旗、裏切り者、急進派、汚職――が載っていた。[75]

現在、少なくとも国政レベルで大切なのは（他のレベルでもしばしばそうですが）もっぱら次の選挙のための資金集めとなっています。もちろん勝つことも――対立政党の敵を打ち負かすことも――大切です。だから、政治家なら戦士であるべきですし、政治の仕事はふたたび対立屋にうってつけのものとなったのです。

メディアと政治

C-SPANが議会のテレビ生中継などさまざまな形で政治に関する番組を提供するようになっ

たのは一九七九年のことでした。また、その二年後にはジョゼフ・ワプナー判事とコートTVが、法制度に対する私たちの見方を変えました。かつては密室で行われていた意思決定が、たちまち公の場で行われる感情的な娯楽になったのです。ニュート・ギングリッチはそれを最初に有効活用した人物の一人でした。

彼は新たに据え付けられたC‐SPANのカメラがどのような機会をもたらすかを認識していたので、何の反響も返ってこない議場で民主党をこき下ろす演説をするようになった。彼は全国の視聴者に自分の演説が届くことを知っていたのだ……。

彼の目標は、ワシントンでの退屈な政策論議を、全国的な善悪の戦い、正義の味方と悪党の戦いとして――まさにアメリカの魂を守るための戦いとして――再構築することだった。そのプリズムを通せば、どんなニュースでもくさびになりえた。[76]

数年後にはもう一つ大きな変化が起こりました。「公正の原則」の終焉です。この原則はラジオ局やテレビ局に政治的な意見のバランスを取るよう要求するために連邦通信委員会（FCC）が一九四九年に制定したもので、これによって政治番組では何が議論の争点になっていようと、反対意見にも触れなければならなくなりました。

また、放送局は番組内で誰かが個人攻撃を受けたら、その人に連絡を取って対応の機会を与えることを義務付けられ、ある政党の候補者を支持した放送局は、別の候補者も招いて話をさせるというルールもできました。

しかし連邦通信委員会は一九八〇年代半ばにこの原則の再検討を始め、一九八七年に強制するのをやめました（公式に廃止されたのは二〇一一年のことです）。これによって、一九九〇年代にはもう、どこのラジオ局やテレビ局（あるいはネットワーク）でも独自の見解を好きなだけ強く、繰り返し述べられるようになりました。さらに、視聴者に他の観点を提供する義務もなくなりました。[77]

この変化によって、一九八〇年代後半から九〇年代前半にかけて政治的な内容を流すラジオが爆発的に増えました。その後、一九九六年にはＦＯＸニュースやＭＳＮＢＣのようなケーブルテレビのニュース専門チャンネルが勃興し――当然ながら他にも同じように党派的なメディア企業が数多く誕生しました。

これらのメディア企業の多くはこの三〇年間、「同じ敵に立ち向かう私たち」という世界観を広めてきました。ヒーローと悪者しかいないシンプルな世界への逆行です。

この「同じ敵に立ち向かう私たち」というメンタリティを助長したり、それを用いて人々の注意を引きつけたりするやり方を誰よりもよく理解していたのがＦＯＸニュースの創業者であるロジャー・エイルズでした。ガブリエル・シャーマンは著書*The Loudest Voice in the Room*で次のように述べています。

エイルズはアメリカの政治とメディアの両方をつくり替えてしまった。彼はあの世代の誰よりも政治を大衆の娯楽に転換する手助けをした――政治を金儲けの道具にしつつ、娯楽を組織化のための有力な武器としたのだ……。エイルズはFOXを通じてアメリカの選挙民の分断に手を貸した。敵か味方かをはっきりと線引きし、敵は悪魔扱いし、妥協してはならないと説いたのだ。[78]

また、エイルズはニュースを低俗なものにしました。テレビは――政治志向のものも含め――よいドラマと大量の非難の上に成り立っていることを彼は理解し、実証してみせたのです。個人攻撃や私生活の暴露に発展する派手な政争は、ドラマも非難も大量に提供してくれます。セックススキャンダルが絡めばなおさらです。FOXネットワークが一躍名を上げたのは、一九九〇年代に起きたビル・クリントンのセックススキャンダルと弾劾を扱ったからでした。[79]

FOXは二〇〇二年の時点ですでにケーブルテレビのニュース専門ネットワークではトップになっていました。その視聴者数はすぐにCNNやMSNBCの倍以上になり、その首位の座をこの二〇年間ほぼ常に守り続けてきたのです。[80]

文化的リーダー

他のテレビネットワークや、他のメディアも、すぐにFOXニュースの攻撃的なスタイルをある程度取り入れる必要があると判断しました。オバマ政権当時、ニューヨーク・タイムズ紙の編集主幹だったジル・エイブラムソンは「ナレーターの仕事はFOXに乗っ取られつつある。FOXは国内の記者団の思想的指導者となったのだ」と言い、ニューヨーク・タイムズの報道スタイルもいずれは少しFOX寄りになる必要があるだろうと認めました。[81]

ロジャー・エイルズは政治的な職業に就くことさえなく文化的リーダーになったのです。

エイルズのFOXニュースほど政治的対立を面白くしたものはなかった……。FOXニュースは、主流メディアによる知識の囲い込みを是正するというのが売りだったが、既存のメディア業界と同じくらい囲い込みをしている——**エイルズの視聴者はめったに他の番組を見ないのだ。**[82]

ここで「隔絶された状況下での感情的メッセージの反復」という概念を紹介しましょう。私たちは感情的な情報に繰り返しさらされると、何も考えずにその情報を吸収してしまいがちです。テレビ広告はこの原則に基づいたものですが、政治や文化的な争点については、人は伝統的に、近隣の人々や職場、その都市や地方の新聞など、多くの情報源に触れてきました。

ところが、新聞が衰退し、ケーブルテレビ（やフェイスブックなどのソーシャルメディア）が広く普及している現在、一つの情報源からしか政治の情報を得られないリスクが著しく高まっているのです——第2部の例が示すとおり、これは危険なことです。

FOXニュースでは、日々の政治にまつわる退屈な登場人物たちが、勝利と逆襲を続ける**ヒーローと悪者**として生まれ変わり、終わることのない物語を繰り広げるのだ。この物語のよいところは、エイルズの視聴者——有権者——が主役に、社会主義独裁体制の被害者や、政権を奪還に来た反逆者になれることだ。視聴者は自宅のソファに居ながら、おだて上げられ、物語のもっとも重要な参加者であるエイルズ軍の歩兵となるのだ。[83]

ニューヨーク・タイムズなどのメディアも、徐々に暗いニュースに焦点を当てるようになってきました。そのため、いまの状況は悪く、さらに悪くなってきているという「感覚」は強まっています。ところが、客観的な調査によれば、世界の全体的な状況はかつてないほどよいのです。

ニューヨーク・タイムズは一九六〇年代前半から一九七〇年代前半にかけて着実に不機嫌

になっていった。一九八〇年代、一九九〇年代には少し（ほんの少しだが）明るくなったが、新世紀最初の一〇年に入ると次第に不機嫌の度を増していった。世界の他の地域の報道機関も、一九七〇年代後半から現在に至るまでどんどん暗くなっていった……[84]。

　ところが、ショッキングな話がある。「人類の福祉という点では、どの評価基準から見ても世界は目覚ましく進歩している」のだ。もう一つショッキングな話がある。そのことを知っている人が「ほとんどいない」のだ。

　人類の進歩に関する情報は、大手の報道機関や有識者の公開討論からは得られないが、探せば簡単に見つかる[85]。

　その結果、多くの――もしかするとほとんどの――アメリカ人は、いまでは当たり前のように、政治とは危機がないと動かないものだとか、政治はゼロサムゲームで、一方が勝ったらもう一方は負けざるをえないものだと思うようになっています。前にも書いたとおり、多くの人々は一つしかニュースソースがないので、隔絶された状況下で延々と感情的に繰り返される政治的なメッセージを見聞きすることになっているのです。

常に敵対的なリーダーシップ

王（や女王）は、一〇〇〇年かけてゆっくりと、明文化された規則や法律に――王権を制限した一二一五年のマグナカルタ[86]から、一七八九年の合衆国憲法、そして世界中に広がった立憲政府へと――置き換わってきました。文字で書かれた情報を念入りに検討する習慣も普及しました。いまの相互につながり合った複雑な世界では、意思決定や日常生活はもっぱら協力とチームワークによって行われています。

ところが、最近の顔や声を用いた感情的なメディアへの回帰によって、人々の注目を集め、マーケットシェアを奪うために暗いニュースを共有するようになってきた結果、リーダーシップ――特に国家レベルのリーダーシップ――へのアプローチの仕方が一〇〇〇年以上も逆行し、常に敵対的ないかさま王がいた時代のやり方へと戻りつつあるのです。その遷移を説明したのが［**表1**］です。

まとめ

感情を煽るメディアは、有権者に常に敵対的な――危機、悪者、ヒーローがいる――ドラマの観

［表1］政治的リーダーシップ

	常に敵対的（ヒーローと悪者）	現代的な協力（チームワーク）
社会基盤	王と、その思いつきや布告	憲法と、それに基づく法律や規則
指導者の選定	暴力、感情戦、世襲権力	通常選挙、政策、説得、リーダーシップの経験
指導者に必要な資質	戦上手 トップダウン、独裁的	協力上手 動機付け、民主的
コミュニケーションの手段	顔や声 （多くの感情）	おもに著作 （多くの情報）
意思決定の手段	直感	調査と分析
問題が発生する原因	悪い人々 （悪者）	多数の原因 （悪行の場合もある）
解決策	悪者を投獄したり排除したりする ヒーローがすべてを解決してくれる 何にでも白黒つけずにはいられない解決策	人々に自分の言動を変えてもらう 必要があれば悪行を罰する リーダーシップを刺激し、他者の創造性や努力を活性化する 複雑で相関する解決策

点から物事を考えるよう仕向けましたが、このようなドラマは現代よりも古代にふさわしいものであり、今日の世界では「架空の危機の三段論法」とでも言うべきものです。少し前であれば指導者がそのような妄想を展開すれば人々はあざ笑ったものですが、次の章で説明するように、感情を煽るメディアによって、この三〇年で指導者がふたたびそのような妄想を利用することができるようになったのです。

第5章 架空の危機の三段論法

対立を煽るナルシストやソシオパス——いかさま王——は危険なペテン師にもなりうるというのに、どう説得すればあれほど多くの人々に自分への一票を投じさせることができるのでしょうか。

対立屋のやりとりがおもに感情的なものであること、そして感情を煽るメディアが彼らのメッセージを強力に後押ししていることはすでに見てきました。では、彼らはどのような内容のやりとりをして、人々からあれほどの支持を得ているのでしょうか。

彼らはまず、恐ろしい危機が存在するということを納得させるところから始めます。彼ら自身、本当にそう信じているのかもしれませんし、自覚的に危機をでっち上げているのかもしれません。いずれにしても対立屋の戦略は同じです。

私たちは、危機の際には日常的な問題解決とは異なる考え方をします。考えている時間がないからです。とにかく行動しなければ！　戦うなり、逃げるなり、じっとしているなり、従うなりしなくてはならない！

また、危機の際には力を合わせなければなりません。それを最適化するには、指導者、つまり道を示し、何をすればいいか指示してくれる人が必要です。

危機の際には、人は身を守るために自分の個性を放棄するのは仕方ないと考えます。独りよがりな考えをやめることを覚悟します。軍隊においては明確な指揮系統があり、従わなければならないのはそのためです。危機の際には私たちは自動的に指導者に従います。私たちの社会的なＤＮＡがそうなっているのです。

思考停止

ここで一つの例を紹介しましょう。史上もっとも悪名高い対立屋、アドルフ・ヒトラーがどのようにしてドイツ人を思考停止に追い込み、実際には存在しなかった危機を信じ込ませたか。

一九三〇年代のドイツにいたエドガー・マウラーというアメリカ人記者は、次のような会話があったことを報告しています。

「ドイツ人なら誰でもユダヤ人こそがわれわれの災難だと知っている」とナチ党員の一人が答えた。

「だが、どう災難なのかね」エドガーは食い下がった。

「奴らは多すぎる。それに、ユダヤ人はわれわれのような人間ではない」

「だが、ドイツよりもわが国の方がユダヤ人の比率ははるかに高い。それでもわれわれは戦争に負けなかったし、飢えもしなかった。外国人にも売られなかった。要するに、君がドイツにいるユダヤ人のせいだとした不運は何一つ被らなかった。君はこれをどう説明するのだ」

「われわれは説明などしない。そんなことをせずとも正しいのはわかっているのだ」とナチ党員が答えた。

「それで筋が通るのか。明晰な思考といえるのか」

「ああ、思考か！」苛立ったナチ党員が答えた。「思考なんてうんざりだ。考えていたって始まらない。総統閣下がおっしゃったのだ。真のナチスは血で考えるものであると」。

　このような思考の欠如は至る所にあった。[87]

ヒトラーは、架空の悪者であるユダヤ人と、架空のヒーローとしての自分自身を使って架空の危機を生み出したのです。

同様に、ドナルド・トランプは大統領就任演説で、アメリカは「殺戮」に直面していると主張しました（それが何かは定義しませんでした）。それに先立つ共和党候補の指名受諾演説では、古典的ないかさま王のセリフを口にしていました。「それを直せるのは私だけだ」（これを聞いたジョージ・W・ブッシュ元大統領は声に出してこう言ったそうです。「意味のわからないたわごとだ！」[88]）。

今日では、本当の問題が一人の人間によって修正されることはめったにありません。ですから、現代の政治家や大統領は、協調力、複雑な問題解決力、指導力、他者の努力を刺激する力など、さまざまな技術を持っている必要があります。他者を支配するだけで問題を解決できるわけではないのです。

すべてが危機になる

対立屋はたいていの危機を——本当の危機であろうと捏造されたものであろうと——非常に単純な目で見て、その危機には誰か、あるいは何らかの集団という唯一の原因（悪者）があり、そのような人物や集団は、コントロールするか、排除するか、破滅させる必要があると考えます。その人物や集団はいかさま王の「非難の標的」になります。こうした行為はすべて対立屋の何にでも白黒をつける考え方と極端な言動の一部です。彼らにとって、問題に微妙なニュアンスや複雑な要素というものはありません。敵は破壊したり打破したりするしかないものなのです。

危険なものといえば狼の群れやヴァイキングの侵略船団だった時代なら、このアプローチでもまあまあうまくいったでしょう。私たち人類にとっても常に敵対的な、殺すか殺されるか、食うか食われるかの世界だったからです。大昔のナルシストの対立屋は、現代の対立屋とまったく同じように非難の標的を定めました。そして自分がもっとも偉大な指導者なのだから自分に従うべきだということを全員に納得させました。ソシオパスの対立屋は人々を操って自分に従わせ、本当の、あるいは想定上の敵と容赦なく戦わせたのです。その結果、彼らは村の指導者となり、やがては一国の王となっていきました。

現代のいかさま王は、人々を説得して自分に従わせるために、私が「架空の危機の三段論法」と呼んでいるものを用います。

- 恐ろしい危機がある！
- その原因は忌まわしい悪者だ。この悪者はとことん邪悪なので滅ぼさなければならない。
- 私たちはすばらしいヒーローに従う必要がある。ヒーローはすぐに悪者を退治して危機を解決してくれるだろう。

この危機は本物のこともありますし、いかさま王がすべてを捏造している場合も、その間を取ったものの場合もあります。

〔表2〕「危機」のタイプ

	本当の危機	架空の危機（ただし解決すべき問題は本当にある）	妄想でしかない危機（解決すべき問題すらない）
問題の性質	津波、火災、性的暴行、銃乱射事件など	移民政策、貿易協定、税務政策、環境規制、麻薬中毒など	ドイツのユダヤ人。ロシアやウクライナの富農〈クラーク〉。アメリカ連邦政府内の共産党員。現代ロシアの「同性愛プロパガンダ」。カナダとアメリカの貿易不均衡
どう対応すべきか	考えている時間はありません。とにかく戦うなり、逃げるなり、その場でじっとしているなりしましょう	時間をかけて専門家と検討、分析、協力し、多角的に問題を解決すべきです	完全な妄想に時間や労力、リソースを無駄遣いすべきではありません
思考停止して盲目的に指導者に従うべきか	指導者とその指示に従ってください	複合的な知識や観点が必要です。一人でこのような現代的な問題を解決できるほど賢い人はいません	このような完全な妄想に基づく指導者や指示に従っては（あるいは投票しては）いけません

対立を煽る政治家はどうやら生まれつきこのドラマとその使い方を体得しているようです。彼らは危機を宣言（あるいは捏造）したり、悪者（あるいは悪の集団）を定義したり、自身を誰もがどうしても必要としているヒーローとして売り込む天賦の才能を持っています。

架空の危機の三段論法は、大昔の敵対的な指導者が正真正銘の危機に対処するときには役に立ったかもしれませんが、今日では、戦うにせよ、逃げるにせよ、じっとしているにせよ、思考停止して一人の指導者にただ盲目的に従わなければならないような本当の危機はほとんどありません。今日の問題にはしばしば調査や分析が必要になりますし、多くの訓練された専門家が（できるだけ）落ち着いて力を合わせて立ち向かわなければならないものです。

［**表2**］は本当の危機と、本当の解決すべき問題、ただの妄想との差を示したものです（ここに挙げた架空の「危機」の背景については第2部で説明しています）。

架空の悪者

残念なことに、この三〇年間、多くの映画やニュース、政党が、社会に蔓延している非難の文化を背景に、私たちが抱えている問題は（一部の本当の問題も含めて）邪悪な悪者が引き起こしたものだという単純な考え方を広めてきました。この悪者は、特定の個人かもしれませんし、外国人、私たちとは考え方や外見、話し方、生活様式が異なる人々、対立政党の党員かもしれません。メディアはそれを激しく、何度も感情的に繰り返しますが、実質的には、いかさま王による架空の危機の三段論法を（無料で）「宣伝」しているのです。

架空のヒーロー

また、私たちは問題や危機はもっぱら「個人の」ヒーローによって解決されるものだという誤った情報を与えられてきました。戦場や災害の現場で力を合わせて英雄的な仕事を成し遂げる集団にも畏敬の念を覚えますが、私たちが特に引かれるのは、比類がないほど強く、賢く、才能にあふれた個人です。

そのようなヒーローの宣伝を信じてはいけません。みなさんは対立屋や、その何にでも白黒をつけるという考え方に影響されているのです。この誘導にはしばしば政治家や有名人、ニュースキャスターなどが熱心に関与してきます。彼らは、誰が悪者で誰がヒーロー（になるべき）かを私たちに示唆します。また、放送中に詳しく説明できるだけの時間はないので、ふつうは問題も解決策もわかりきっていると言います。そして彼らはそのわかりきった問題と、わかりきった解決策、そして明快な悪者の名前を、彼らがインタビューした対立屋から得た情報に基づいて、何度も何度も何度も繰り返すのです。

いかさま王たちも、自分こそが誰もが求め、必要としているヒーローであり、悪者を退治できる能力を持つ唯一の人間であるという話をひっきりなしに繰り返します。すると、この単純なドラマは、現代的なメディアの影響範囲と伝達速度のおかげですぐに全国、全世界へとさざ波のように広がっていきます。そのドラマが本質的にはいんちきであることを認識しているメディア企業でさえ、それが人の目を引く言動を繰り返す自称ヒーローのお騒がせ発言という理由だけでニュースバリューがあるとみなして何度も取り上げ、拡散を助けてしまいます。

そのうちに個々の架空の危機の三段論法がだんだん本物のように感じられるようになり、やがては、ウイルスのように私たちを感染させていくのです。

人類の問題に対する二つの対応

政治家は定期的に、自分がいかに強く、どれほど熱心に私たちのために戦うつもりであるかを語ります。それ自体はよいのです。力も、献身も、粘り強さも大事なものですし、私たちがまさに必要としているものであることもしばしばです。

ただし、それと同じくらい——あるいはそれに加えて——私たちは知恵や創造性、機敏さ、展望、

〔表3〕人類の本当の問題を解決する

柔軟な問題解決	危機への対応
解決あるいは対処すべき問題であるというアプローチを取る	やるかやらないかという選択肢のみ——戦うか、逃げるか、じっとしているか
気持ちは穏やかなので、集中できる	状況は極端で切迫しているように感じられる。実際にそうであるかどうかはともかくとして
問題分析の重要性を理解している	生き延びるには分析ではなく素早い行動しかないと直感的に理解している
問題は複数の要素がからむ複雑なものかもしれない	問題は邪悪な人々であり、避けるか破滅させなければならない
問題にはもっと大きな背景があることを認識し、どのような対応を取っても波及効果で大きな影響を及ぼすかもしれないと理解しているx	他の問題や争点、背景から切り離して対処する
妥協も含めて、幅広い解決策やアプローチを柔軟に受け入れる	妥協は弱さであり、危険な、もしかすると人生を脅かすかもしれないものだと思っている
自身の恐怖や怒りを手なずけることができる。また、これらの感情は賢明な決断を妨げる可能性があることを認識している	恐怖や怒りに心を奪われてしまい、すぐに、断固たる態度で、またおそらくは圧倒的な力で対応しないと安心できない

複雑な問題を分析する能力、同盟を構築・維持する才能を必要としています。

［表3］はこの二つの対処法を比較したものです。

私たちの脳はどんなときでもこの二種類のアプローチのどちらかが優勢になっています。両方のアプローチを同時に取ることはできません。これが、私たちがよく対立を煽る政治家にだまされ、自分を曲げて彼らの意思に従ってしまう原因です。そしてそれは彼らの手口なのです。

架空の危機の三段論法が持つニュアンス

多くの場合、対立を煽る政治家は、危機を捏造するか、解決が必要な本当の問題を取り上げていびつな形に膨らませ、もとの問題よりはるかに大きな脅威に見えるよう仕立て上げます。すると、人々はこの合成された問題を危機と取り違えて、指導者に盲目的に従う必要があると思い込んでしまいます。

だからこそ彼らが悪者やヒーローに見せかけたものを徹底的に調べ上げることが重要なのです。

悪者の定義が明確で単純――たとえば、メキシコ人、ユダヤ人、共和党、民主党、同性愛者、中国、共産党、企業、大金持ち、ムスリム、ファシスト、ポリティカルコレクトネス、資本家、あるいは異性愛者の白人男性――である場合は、巨大な赤信号だと思ってください。そのような指弾をしている候補者はまず間違いなく対立屋です。

もう一つ、確実に架空の危機の三段論法だとわかる徴候があります。候補者が危機の分析やそれについての討論、事実の検証をしようとする人を阻止することです。ヒトラーは、まさにこれをやっていました。ヒトラーはドイツ人が「ユダヤ人は邪悪で強力な悪者である」という馬鹿げた話が本当なのかどうか考えることを阻止できたからこそ、妄信的な支持を得られたのです。

架空の危機の三段論法のうちもっともわかりやすいのが三番目の、「私だけがこの問題を解決できる」という部分です。いかさま王は問題分析に関する話はめったにしません。協力したり、戦略的に同盟を組んだり、その他ありとあらゆる共同努力によって問題に対処するという話もめったにしません。そのかわりこう主張します。「おそらくこの地球上で他の誰よりも、私ほどすべてを改善できるすばらしい能力を持つ人はいない。できるのは私だけだ。私に投票するか、破滅するかなのだ」。

実際には、いかさま王は問題を解決する方法などわかっていません。架空の危機だからです。問題について考えたことすらないかもしれません。彼らにとってはそれでもよいのです。彼らは——その問題がみなさんの人生を台無しにし、国家を危機に陥れていると言いつつ——実際には気にも留めていません。彼らが気にしているのは勝って権力を握ることだけです。これについては本書の第2部でいくつかの実例を見ていきます。

非難の標的を選ぶ

対立屋は、架空の危機を設定すると、標的となる悪者を選びます。そして、その標的を公の場で容赦なく冷笑し、こき下ろします。ナルシストでありソシオパスでもある対立屋は、他者への共感や倫理観、良心の呵責が完全に欠如していて、他者を支配し、はるかに上位の人間であると見られることを望む圧倒的な欲求を持っており、他者の非難に没頭し、非難の標的を破滅させることに嗜虐的な喜びを感じます。

ほとんどの人は自分の敵を戦略的に選択するようなことはしませんが、いかさま王は違います。意識的に敵を選ぶ場合も、反射的、本能的にそうする場合もありますが、いずれの場合も彼らが選ぶ悪者集団には次のような特徴があります。

- **ある程度有権者に馴染みがある。**悪者の紹介や説明は必要ありません。
- **比較的少数、近くにいないなど、ほとんどの有権者の日常生活に無関係。**確実に大半の有権者は悪者集団のメンバーと直接触れ合う機会はほとんどなく、悪者集団のメンバーの大半が無害な言動をしているという現実も広まりません。
- **一言で簡単に定義できる。**たとえばムスリム、ユダヤ人、異教徒、福祉の女王、金持ちの豚など。この悪者集団のメンバーを一目で――あるいは繰り返し触れ合っても――識別することはできないかもしれませんが、それはどうでもよいのです。

- **多くの人々にきわめて強力だとみなされているが、本当は弱者であり少数派**（典型的には人口の一〜三％）。それなら有権者は報復をあまり恐れずに憎むことができます。
- **すでに何らかの理由で恨みの標的となっている。**有権者をあまり訓練しなくても強く憎むよう仕向けることができます。
- **比較的最近の発展や業績のせいで恨まれている。**いかさま王は架空の危機を悪者のせいにできるだけでなく、悪者の成功も非難できます。そうすると有権者は恨みだけでなく、妬みや怒りも感じるようになります。
- **金銭、財政、土地、隠れた権力、娯楽に何らかの形でつながりがある。**それによって、悪者集団が強力で影響力があるように見せかけることができます。そのようなつながりをつくれない場合、典型的ないかさま王は陰謀論をでっち上げ、悪者集団は、外面は傷つきやすい集団のように見えても、裏では超強力な集団なのだと宣言します。

まとめ

いかさま王が生み出す架空の危機の三段論法は、有権者の感情をうまく高ぶらせて架空の危機を信じさせ、それによって恐怖のレベルを引き上げ、感情的な意思決定を行わせます。架空のヒーローを嫌う有権者でさえ、対立屋による感情的な繰り返しのせいで、架空の悪者（対立候補）であっても悪いという考えを取り入れてしまい、どちらの候補も等しく好ましくないと考えるようになります。その場合、傾向として、穏健派はいつも投票している党の候補者に投票し、抵抗派は対立している両候補を拒絶して無関係の候補者に死に票を入れます。棄権派は何も変わらず投票しません。

このような傾向のすべてを助長するのが感情を煽るメディアです。感情を煽るメディアは対立屋を好む傾向がありますが、これは対立屋の方が娯楽性が高く、視聴者と感情的な関係を構築するのに精力を注ぐからです。その結果、対立屋による感情戦が際限なく繰り返され、しばしば対立屋の選出につながるのです。

これに対抗するには、私たちも次の三つについて繰り返し自問する――そして知り合いにも自問をうながす――必要があります。

- これは本当に危機なのか？

- この人（たち）は本当に悪者なのか？
- この人は本当にヒーローなのか？

第2部では、感染力を強めている感情を煽るメディアの発展によって、いかさま王が世界各地で架空の危機の三段論法を展開している事例を見ていきます。

2

「いかさま王」の本性を知る

THE FANTASY CRISIS
TRIAD WORLDWIDE

22

この一〇〇年間は、人類史上もっとも多くの人が死んだ時代でした。第1章ではヒトラー、スターリン、毛沢東という三大犯罪者について触れましたが、それより小粒ではあっても、いまだに多くのいかさま王たちが、自国を破壊し、何十万人という自国民を殺しています。ヒトラーは例外とみなされることも多いのですが、極端な嘘や言いくるめを用いる彼の戦略の多くは、現代に至るまで、いかさま王の手本となっているようです。

二〇〇〇年以降、私たちは世界各地でいかさま王たちが権力を握るのを目にしてきました。第2部ではロシア、ハンガリー、フィリピン、ベネズエラ、イタリアなどの例を論じていきますが、ここで取り上げるのはごく一部であり、その数は増え続けています。また、アメリカでも、程度はさまざまですが、いかさま王が権力を握ってきた歴史があります。ここではもっとも劇的な例として、マッカーシー、ニクソン、トランプの三人を選びました。

これらのパーソナリティは全員、無限の権力を求め、架空の危機の三段論法を駆使して衝撃的な成功を収めてきました。私たちはこのパターンを学ばなければなりません。さもなければいつまでも同じことを繰り返してしまうでしょう。

第6章 ヒトラー、スターリン、毛沢東はいかにして権力を掌握したか

この三人が権力を握ったのは、いずれも一九二〇年代、一九三〇年代に国内で何らかの専制的な権力を握っていた者たちが排除された後のことでした。そのような状況下では人々も中央集権的な政府に慣れており、強い指導者が後を継ぐことに違和感はなかったかもしれません。しかし、二〇世紀前半に出現したいかさま王たちはそれまでの独裁者たちとはまったく違っていたのです。彼らはそれぞれのやり方で（感情を煽るマスメディアを用いて）大衆操作の技術を飛躍的に向上させ、（対立屋として）無限の権力を望み、それを手に入れました。また、それぞれのやり方で自国と世界に恐ろしい破壊をもたらしました。

アドルフ・ヒトラー

ドイツは第一次世界大戦後、すぐに民主主義国家となりました。それまでは君主制でしたが、一九一八年に敗戦すると、皇帝は退位し、それまで皇帝の言いなりになっていた議会で多数派を占めていた社会民主党が権力を握ったのです。戦後の混乱によって独裁政権が生まれる素地はありました。それでもアドルフ・ヒトラーの出現を予見できた人はいませんでした。

ヒトラーの前半生

第1章で説明したとおり、パーソナリティの発達は三つの基本的な要因の影響を受けます。

1　遺伝的傾向
2　幼少期の経験
3　文化的な環境

アドルフ・ヒトラーは一八八九年にオーストリアのドイツ国境に近い場所で、税関職員の息子として生まれました。オーストリアで過ごした子供時代に将来の片鱗を示すものは見られませんでした。おそらく平凡な子だったのでしょう。口うるさい父親とは将来のキャリアのことで口論になったといわれています。父親は息子が自分の後を継いで公務員になることを望みましたが、若きヒトラーは画家になりたいと思っていました。一三歳のときに父親が亡くなると、彼と妹は（アドルフを溺愛したといわれている）母親のささやかな年金で暮らすようになります。

少年時代の友人は後にヒトラーのことを、青白く、病弱そうな、やせ気味の若者で、ふだんは内気で無口だったが、意見が合わない相手には突然ヒステリックな怒りを爆発させることもあったと振り返っている。[89]

ヒトラーは、教師陣にはあまり強い印象を残しませんでしたが、教師の一人は後に次のように書いています。

ヒトラーは、特定の科目においては確かに才能はあった。しかし、自制心に欠け、控えめに言っても理屈っぽく、独裁的で、自説を曲げず、気むずかしくて、学校の規則に従えなかった。また、勤勉でもなかった。才能はあったのだから、勤勉だったらはるかによい成績を収めていたことだろう。[90]

ヒトラーは高校を中退しても母親のすねをかじり続けました。母親は就職することを勧めましたが、ヒトラーは本を読んだり空想にひたったりしながら若き革命家を目指すようになります。南ドイツ出身の狂信的なドイツ国粋主義者だった高校時代の歴史教師に触発されたのでした。[91]

青年時代のヒトラーはオーストリアのウィーン周辺を転々としながら、日雇い労働をしたり、小さな絵を描いたりして収入を得ていました。放浪者のような生活の中でも大量の読書を続けました。[92]二四歳のときには、友人も家族もおらず、職も家もなくしていたのですが、それでも彼は「揺るがぬ自信と、燃えるような強い使命感を持って」いました。[93]

もともと自信家ではありましたが、第一次世界大戦直後に「一人前の市民になるための練習として」ドイツ陸軍を支持する講演を始め、独学で得た歴史観や、反ユダヤ主義、ドイツ人の偉大な未来を主張すると、本人が予想していた以上に注目されるようになります。

ヒトラーの手腕と成功は、彼自身にとっても驚きだったようだ……彼はまさに「パウロの回心」［「聖書では、キリスト教を迫害していたパウロがある日神の声を聞いて回心したと伝えられている」のようにある日突然、自身の演説の才に気づいたと記している。[94]

対立を煽るパーソナリティ

ヒトラーはすぐに多くの人々を非難の標的とするようになりました。彼の原点である『わが闘争』では、ウィーンにいた頃に何度かユダヤ人に嫌な思いをさせられたことを大げさに取り上げて、それが強烈な反ユダヤ主義につながったとしていますが、歴史家の中にはそのことに懐疑的な人もいます。一例を挙げましょう。

彼らの見解によれば、ウィーン時代のヒトラーが政治に傾倒していった様子を描いた詳細な記述は、「国の現状を知って立ち上がった純粋な若者」という虚像に合わせて粉飾されたものであり、政治家を目指してくすぶっていた退役軍人という実像に即して解釈すれば、ヒトラーが反ユダヤ主義に飛びついたのは「当時の政治環境における勝ち馬に乗った」だけなのだと歴史家のロマン・テッペルは注記している。[95]

ヒトラーがソシオパスのパーソナリティを持っていたのだとしたら、彼の反ユダヤ主義が名目上何に根ざしてたかということはたいした問題ではないでしょう。他者、とりわけ自分より弱い立場にいる人々を支配したいという生来の衝動を持っていたと思われます。ヒトラーは成人早期にはすでにナルシストの片鱗を見せていました。彼自身、自分は子供の頃から自分自身のことで頭がいっぱいで、きわめて自信家だったと認めています。また、第1章で書いたとおり、エーリヒ・フロムはヒトラーが悪性のナルシストだと看破しました。

架空の危機

ヒトラーは権力の座に就く過程で何度か架空の危機を利用しました。一九二〇年代のベルリンでは、当時盛り上がっていた政府批判に苦もなく便乗すると、第一次世界大戦に敗戦したのは祖国の「裏切り者」（ベルリンの社会民主党）のせいだと誰よりも情熱的に非難しました。彼は政府が将官たちを止めたせいで戦争に勝てなかったのだという嘘の物語を広めたのです。実際には政府に勝ち目はないと進言していたのは将官たちの方でした。一九一八年一一月にはドイツ陸軍総司令部の指揮官とその上官であるヒンデンブルク陸軍元帥が、皇帝ヴィルヘルム二世に軍事的にはすでに負けているので戦闘を止める必要があると上奏しているのです。[96]

ヒトラーは演説を通じて新しい伝説を流布しました。敗戦は「一一月の犯罪者」のせいであり（社会民主党が停戦に署名したのがその月でした）、ドイツ軍は「背後から刺されたのだ」と訴えたのです。大戦後、政府はフランスへの憎悪を煽りましたが、ヒトラーの頭の中には別の戦略がありました。

フランスのルール占領はドイツ人の伝統的な敵国に対する憎悪を再燃させ、ナショナリズムの精神を復活させたが、ヒトラーの仕事はやりづらくなった。ドイツ人はフランスに抵抗することを決めたベルリンの共和政政府のもとでまとまり始めていたのだ。それはヒトラーがもっとも望んでいなかったことだった。ヒトラーの狙いは共和政をなくすことであり、フ

ランスの相手をするのはドイツ革命を経て独裁を確立してからでよいと思っていたのだ。ヒトラーはあえて強い世論に逆らい、苦言を呈した。「違う――倒すべき相手はフランスではない。祖国の裏切り者であり、一一月の犯罪者なのだ！　われわれのスローガンはそうでなくてはならない[97]」

ヒトラーは、国内の標的を攻撃することで、権力を握るためにもっとも身近な人々に感情戦を仕掛けるという対立屋の重大な特徴を露呈したのです。

架空の悪者

ヒトラーはさらに具体的に、「敗戦はユダヤ人のせいである」と非難しました。財政を握り、戦争の進行管理を担当していたのはユダヤ人であるという嘘の主張をしたのです。彼はすぐに、ドイツでうまくいっていないものはすべてユダヤ人のせいだと言い始めました。もっとも、一九二〇年代、一九三〇年代のドイツにおいて、ユダヤ人は人口の一％にも満たなかったのですが（六七〇〇万人もの人口を抱える国で五〇万人程度[98]）。

ヒトラーが権力を握り始めていた当時、ドイツのユダヤ人はようやく社会の主流派に受け入れられたばかりでした。とはいえ、彼らはおもにベルリンのような大都市に住んでいたため、ドイツ人の大多数、特に農村地帯の人々にはユダヤ人の知り合いなど一人もいませんでした。ヒトラーがユダヤ人について何を言ってもあっさりと受け入れられてしまったのは、ヒトラーの主張を検証したり議論したりできる知り合いがいなかったからです。しかも、メディア（ラジオや映画）は完全にヒトラーの統制下にありました。

もちろんヒトラーにとってはユダヤ人に対する強い恨みをドイツ人に教え込む好機でした。第一次世界大戦後、ドイツは財政難に喘いでいましたが、そこに一九二九年の世界恐慌が始まり、ドイツ人は失業者の増加や金融不安、社会不安、政情不安に直面しました。

第1章で書いたように、ヒトラーがこのような恨みを煽るまでドイツ人の反ユダヤ主義は穏やかなものにすぎず、典型的なナチ党員は「特に反ユダヤ」ではなかったと考える人もいる一方で、ヒトラーは当時すでに存在していた伝染性の強い反ユダヤ主義を利用しただけだと指摘する歴史家もいます。[99] その答えは永遠の謎でしょう。

しかし、当時もっとも有名なアメリカ人ジャーナリストの一人だったドロシー・トンプソンは、ヒトラーと対談し、『わが闘争』を読んで、こう書いています。「すべてはユダヤ人のせいなのだ……ヒトラーの計画からユダヤ人を取り除けば、すべてが……崩壊する[100]」。

『わが闘争』は一九二五年に出版されると次第に人気を集め、ヒトラーは多額の印税収入を得ました。一九二〇年代が終わる頃にはヒトラーはますます注目を集めるようになっていくのですが、当時ヒトラーと交流のあった、彼に強い関心を持つアメリカ人ジャーナリストたちには、反共産主義の話を強調し、反ユダヤ主義についてはあまり語りませんでした。自分の野心をうまくごまかしていたのです。

ヒトラーは、自分が何を求めているかを明らかにするのではなく、彼が言うところの分不相応な権力や影響力を持つに至ったユダヤ人など、自分が気にくわないものについてくどくどと語った。「私はドイツに住むユダヤ人の権利を奪うことに賛成するものではないが、われわれ**ユダヤ人でない者たちが彼らよりも権利を持たないことがないように**すべきだと主張しているのだ」と彼は言っていた。[101]

このように、ヒトラーはあからさまにユダヤ人を憎むよう教え込むのではなく、自分がしていることを巧みに偽装して、ドイツ人が徐々にユダヤ人の「権力や影響力」を恨むように仕向け、自分たちが偏見を植え付けられていると悟らせないようにしました。本書の第2部では、ヒトラー以外のいかさま王たちがこの戦術を繰り返し再利用している様子を見ることになります。

ヒトラーは絶好の立場を得て、有権者を（第3章で説明した）四つの集団に分断しました。幻滅した棄権派から多くの人々をかき集めて熱烈な支持派にさせる一方で、多少なりともユダヤ人の影響下にあった社会民主党（穏健派）と共産党（抵抗派）は悪者として攻撃したのです。ヒトラーは新しいヒーローになろうとしていました。

架空のヒーロー

ヒトラーは民主主義政府がドイツ人を搾取していると公言し、独裁体制の方が暮らし向きがよくなるだろうと説いていましたが、ビアホールでクーデター未遂事件を起こして（ミュンヘン一揆）一九二四年に投獄されると、選挙を通じて権力の座に就くことを決意しました。

ベルリンへのデモ行進はなくなった。人々は〝目覚める〟べきであり、ヒトラーの運動は「投票」によって独裁を可決する方向に進もうとしていた！ それ自体、魅力的な案だった。考えてもみてほしい。未来の独裁者が「主権者たちに自らの権利を捨てるための一票を投じるよう」説得に乗り出したのである。[102]

一九三三年にはヒンデンブルク大統領が最大党派の党首となっていたヒトラーを首相に任命しましたが、それでも政府内の一部の人々はヒトラーを操れると信じていました。そのうちの一人は「われわれはヒトラーを雇ったのだ」とまで言っていたのです。[103]

ヒトラーの首相就任から一カ月後、ドイツの国会議事堂で火災が発生しました。これは共産党青年団の一員だったオランダ出身の一人の精神病患者の犯行でしたが（ドイツ国会議事堂放火事件）、この事件は共産党員が国会を破壊しようとしたものであるとヒトラーは主張しました。[104]

この架空の危機によってヒトラーは架空のヒーローになり、全権委任法を強引に成立させ、以後はドイツのあらゆる法律や規則を制定できるようになりました。その翌年ヒンデンブルクが亡くなると、ヒトラーはあらゆる政治的、軍事的権力を掌握する必要があると主張して大統領の職にも就きました。自身を狙う（架空の）陰謀があるというのがその理由でしたが、ベルリンに駐在していたアメリカ人記者によれば、そのような陰謀があるとは「誰も信じていません」でした。[105]

感情を煽るメディア

ナチ党、特にヒトラーは、ドイツのあらゆる政治家と比較して彼らの一〇倍は公の場で話をしました。[106]ヒトラーは定期的にラジオを通じて自宅にいる市民に直接語りかけ、ドイツがもっとも必要としているのは強い独裁者であり、民主主義ではないと公言しました。

また、自分が開催した大規模集会の映画をつくり、自分の権力や、何万人もの人々が自分の意見に従っている様子を見せつけるために全国の劇場で上映させました。

ヨシフ・スターリン

ロシアは、一九一七年二月に共産主義革命が起こるまではロマノフ朝の歴代皇帝の安定的な支配下にありましたが、第一次世界大戦で敗北が続き、飢餓が広がったことから国中に抗議や暴力が広がり、皇帝ニコライ二世が退位しました。その後を継いだ臨時政府には幅広い勢力が結集し、言論の自由や議会など数々の進歩的な改革を承認しました。また、一九一七年十月には全ロシア憲法制定会議のための選挙を実施することにしました。この選挙は階級によらず、すべての市民の代表者を選ぶためのもので、都市部、田園部を問わず、すべての革新諸党が参加するはずでした[107]。

ところが、この後ロシアはカオス状態に陥ります。都会の労働者や船乗り、兵士が支持した、ウラジーミル・レーニン率いるボリシェヴィキ党が、一〇月の選挙実施前にロシア臨時政府があったペトログラード（現サンクトペテルブルク）の冬宮を襲撃します。彼らは政府の大臣らを「革命の裏切り者」として逮捕しました。議員らは抗議のため退席し、官公庁や郵便局、銀行はストライキを実施します。それでも最終的にはボリシェヴィキがペトログラードを掌握しました。

憲法制定会議選挙が実施されたとき、ボリシェヴィキの得票率は二四％にすぎませんでした。ところが、彼らはどこよりも中央集権的な党で、モスクワやペトログラードの労働者や軍事力を握っていたので、わずか一日で憲法制定会議を閉鎖し、政府全体を完全に統制下に置いて、憲法制定会議よりも優れていると自称する全ロシア＝ソビエト大会を設置したのです。これがボリシェヴィキ革命ないし「十月革命」と呼ばれるものです。

スターリンの前半生

ヨシフ・スターリンは当時ロシア帝国の支配下にあったグルジア（現ジョージア）で一八七八年に生まれました。[108]父親は悪名高い飲んだくれで、少年時代のスターリンは何度も不当な暴力を受けていました。当時の友人の一人はスターリンが人々を憎むようになったのは父親のせいだとも言っています。[109]

母親はスターリンをかわいがり、後に愛人となった男性はスターリンの父親がわりとなりましたが、[110]スターリンが成長するにつれて反抗的になっていったため、母親も最後にはスターリンに手を上げるようになりました。この経験が暴力こそが人間関係を維持する手段であるという彼の信念を強固にしたともいわれています。[111]

それでも子供時代のスターリンは本を読んで勉強するのが大好きで、母親も息子の才能を見抜いていました。[112]スターリンが住んでいたのはロシアの端にあるグルジアでも特に治安の悪い場所の一つでしたが、本人はそこでの生活をそこそこ楽しんでいたようです。

ゴリは、一応のルールはあるもののどんな武器を使ってもよい、飛び入り自由の街中での乱闘という「絵になる野蛮な風習」を最後まで実践していた町の一つだった……。ゴリのサロン・バーは手に負えない暴力と犯罪の巣窟だった……。[113]

歴史学者たちはスターリンの人格形成の多くを飲んだくれの父親の影響によるものとしています

が、このストリートファイトの文化もおそらく重要な役割を果たしたのでしょう。[114]

スターリンは、大人としての第一歩には――神学校で過ごしたことも含めて――何度もつまずきました。その後、革命政治に関与するようになり、共産党に加入します。マルクス主義に通じていることに関しては一目置かれていましたが、二度の革命には実質的に参加していなかったため（それをことあるごとに同志たちから指摘されました）、ボリシェヴィキの共産党ではあまり大きな役割は果たせませんでした。[115]

それでもスターリンは一九二二年三月にレーニンから共産党書記長に指名されます。これは官僚的な仕事を任せられるだけの手腕を見せた彼のために新設された行政職でした。四月の中央委員会総会の様子が次のように伝えられています。

［レーニンは］控室で根回しのための会合を開き、もっとも信頼のおける二七人の支持者を集めた。トロツキー支持派に対抗するため、自分の息がかかった候補者を確実に中央委員会に選出するためだった。レーニンのリストには「書記長」としてスターリンの名前が挙がっていた……。レーニンのリストに名前があった二七人は全員が正式に選出された……。[116]

総会での投票では、スターリンの書記長就任に対して「賛成一九三票、反対一六票で、残り（二七三票）は、総票数の半数以上になるが実質的には棄権票」でした。つまり、彼の得票率は四〇%

――本書で取り上げるいかさま王全員に共通する比率だったのです。集団指導体制では「誰に投票しているかはわからなかった」ことも影響したと思われます。[117]

対立を煽るパーソナリティ

スターリンは常に強烈な支配欲を持っていました。

スターリンは、他の子供には容赦がなかったが、自分の手下は保護した……。「自分より年上で力の強い」子供には絶えず反抗していた。
彼はその頃から、最期の日まで持ち続けていた権力欲を見せていた。「ソソ［当時の彼のあだ名］は地元の暴力団に属していたが、団長に反発して対立する団に移籍することもよくあった……。彼は自分より上の立場の人間すべてに復讐したいという気持ちを育んでいたのだ」。スターリンはまだ子供だったが、母親のコントロールから逃れた途端にリーダーにならなければ気がすまなくなったのだ。[118]

スターリンが幼少期から対立を煽るパーソナリティを持っていたことはヒトラーよりもはるかに明白なように見えます。また、スターリンは少年時代から母親でさえ抑えられないほど極端に攻撃的なところがありました。その容赦のなさはソシオパスの特徴によく合致しています。若い頃から人々が従いたくなるような「伝染性の自信」を持っていたのはナルシストのパーソナリティのあらわれだったのかもしれません。[119]

書記長という立場は純粋な行政職でしたが、一九二四年にレーニンが亡くなると、スターリンは攻撃的なパーソナリティや行政上の手腕を駆使してその役割を共産党の指導者へと転換していき、一九二九年にはすでにすべての権力を掌握していました。彼は一九五三年に死ぬまでソビエト連邦の全権を有する独裁者でした。

架空の危機

スターリンは多くの危機を妄想して、多くの危機を生み出しました。そのたびに彼はある集団を標的にして残忍なやり方で攻撃する解決策を用意し、他のソビエト市民には自分を信頼して無制限の権力を与えるよう求めました。

彼の残忍さを示すもっとも劇的な例が、ロシアやウクライナなど、ソ連各地で彼の集団農場政策が引き起こした飢饉です。ロシア革命後の早い段階で、（帝政が崩壊するまでの数百年間、隷属させられ非人道的な扱いを受けてきた）地方の農民は自分たちの土地から地主階級を追い払い、土地を分け合って小さな畑を所有するようになりました。何を育て、わずかな蓄えをどう使うかは自分自身で決められるようになったのです。

その後、共産党政府が彼らを支配するようになりますが、共産党政府は一九二七年になっても労働者や農民に約束したよりよい時代をもたらすことができておらず、「生活水準はまだ帝政時代よりも低かった」のです。[120] 政府は、建前上は自由な市場価格を操作したため（工業製品は高く、農産物は安く設定）、農民は失望しました。そして食糧、特に穀物がどんどん不足するようになり、「民間の」価格が急騰します。

スターリンは、この食糧不足を政府の失政として非難することはせず、架空の悪者による架空の危機としました。

一九三一年になると、スターリンはさらに大きな危機を思い描くようになります。

> スターリンは近々もう一度ヨーロッパで戦争が起こると信じ、それを生き延びるにはロシアの後進地域を工業化しなければならないと考えていた。一九三一年には「われわれは先進国よりも五〇〜一〇〇年は遅れている」と述べ、それを「一〇年で穴埋めしなければならない。やるか、やられるかだ」と宣言した。急激な工業化のためには、農民が決められたスケジュールとおりに国に穀物を納める必要があったし、多くの農民が工場労働者になる必要もあった。ソ連に必要だったのはアメリカのように機械化された大規模農場であり、土地持ちの自営農民は危険な存在だったのだ。[121]

架空の悪者

第2章で説明したように、貧しい農民よりもほんの少しだけ裕福な農民には「富農〈クラーク〉」という言葉が使われていました。スターリンは彼らを悪者に仕立て上げたのです。

> スターリンは一九二九年に、「われわれが階級としての富農〈クラーク〉を破壊するか、富農が資本家階級となってプロレタリアート独裁を清算するか」だと言った。「クラーク」はロシア語で拳を意味し、強欲な守銭奴ということをほのめかしている。[122]

スターリンは、この階級を全滅させるか追放する以外の解決策はないと主張しました。秘密警察が何十万人もの富農を射殺し、さらに何十万人もが国外に追放され、ほとんどいなくなります。スターリンとソビエト政府はそうして国内の農業生産を掌握してから、地方から搾取した資本で製造業を立ち上げたのです。

また、スターリンはよく危機を「人民の敵」のせいにしました。それを聞いたロシア人は、それぞれ自分が憎んでいる集団を思い浮かべて、スターリンの言うことは間違っていないと確信したのです。

架空のヒーロー

スターリンにとって、第二次世界大戦中の一九四一年にヒトラーがロシアに侵攻してきたのは青天の霹靂でした。ヒトラーとはともにヨーロッパに攻め込もうという話さえしていたので、イギリスやアメリカからの警告も無視していたのです[123]。スターリンはなんとか軍を集結させてドイツ軍を撃退しますが、多くの人命が失われました。

スターリンは在任中、ソ連国内でおよそ二〇〇〇万の市民を死なせました[124]。それでも膨大な数のソビエト市民が彼を愛し、喝采を送り、理想の指導者だと思っていました。彼には、攻撃的ないかさま王にはつきものの、古典的な「個人崇拝」があったのです。

感情を煽るメディア

ソ連ではどこに行っても写真やラジオ放送によるスターリンの圧倒的な存在感から逃れることはできませんでした。彼はメディアを完全に統制していたため、第4章で説明した感情的なメッセージの繰り返しの威力もフルに発揮されました——しかも、他から隔離されていたため、その影響力はさらに増していたのです。ソ連と衛星国を取り囲む「鉄のカーテン」という概念には、外部の競合する意見を完全に締め出すという意味もありました。スターリンはどんどん著作を発表し、多くの演説をしました。

毛沢東

中国はほぼ二〇〇〇年間皇帝に支配されていました。最後の王朝となった清王朝（または満州王朝）は三〇〇年近く続きましたが、混乱と飢饉、汚職の末に革命で覆り、一九一二年には中華民国が生まれます。その後、一連の軍事政権と政情不安を経て、一九二八年には蒋介石が国民党政府を樹立しますが、中国では民主主義や選挙がまともに行われた歴史がなかったため、変化や革命を求める気運が漂っていました。一九二〇年代には新たに中国共産党が生まれ、国民党政府と対立します。[125]

毛沢東の前半生

毛沢東は一八九三年に生まれ、ゆとりのある子供時代を過ごしました。父親は勤勉な農民で倹約家だったため、村ではもっとも裕福な農家の一つになっていたのです。毛沢東は母親と祖母に愛され、甘やかされて育ちました。学ぶのは大好きで、記憶力に優れ、読書に情熱を傾けましたが、頑固で反抗的でもあったために教師とは衝突し、三つの学校から放校されました。[126]

父親は毛沢東に畑仕事をさせようとしますが、毛沢東は肉体労働が嫌いで、父親のことも嫌っていました。何年も対立が続いていたため、父親は毛沢東を落ち着かせる一つの手段として、自分の姪と見合い結婚させることにしました。毛沢東は一四歳、姪は一八歳でした。結婚すれば新妻が毛沢東を働かせてくれるだろうと父親は期待していたようですが、そのようにはならず、毛沢東は妻を無視して、見合い結婚という慣習にも反対するようになりました。[127]

二年後に妻が亡くなると、毛沢東は父親の許しを得て村を離れ、都会の現代的な学校に通います。そこでは世界のことを学び、師範学校に進んで、後には若い共産主義者の指導者の一人となりました。スターリン時代のソ連によって中国に共産党が生まれ、資金援助を受けようとしていた時代のことです。[128]

対立を煽るパーソナリティ

毛沢東が若い頃に書いた著作には、彼がきわめて自己中心的な快楽主義者であることがあらわれています。

「私のような人間は……自分の心を十分に満足させたいと思うものだし、そのため自動的にもっとも価値のある道徳規範を身につけるものである。もちろん世の中にはさまざまな人やものがあるが、これらはすべて私のためだけに存在しているのだ」

毛沢東は義務や責任といったあらゆる制約を嫌っていた。「私のような人には自身に対する義務しかない。他者への義務などないのだ」

毛沢東は、個人的な利益を得られないものは一切信じなかった。[129]

毛沢東も、ヒトラーのように自身を偉大なヒーローとみなし、いずれは偉大な権力を持つことになると思っていました。

偉大なヒーローがその衝動を十分に発揮すれば、非常に大きな影響力を持つ、嵐のような、無敵の存在になる。その力は深い峡谷から生まれる台風や、性欲をぶつける相手を求めてさまよう盛りのついた色情狂のようなもので……止める手段はないのだ。[130]

これらの記述からは確かにナルシストのパーソナリティとソシオパスのパーソナリティがうかがえます。あるいは、無限の権力を妄想する最も危険な人物、つまり悪性のナルシストであった疑いもあります。

中国共産党は、スターリンとモスクワのソ連指導部が自らの影響力を拡大するために資金提供して始めさせたものでした。毛沢東はその前身である上海共産主義小組の創立時にはいなかったものの、側近の輪の中にいたので、共産主義の文献を販売する書店を経営する仕事を与えられました。[131]

毛沢東はきわめて野心的な人物で、権力を握るために長年にわたって巧みに同僚や上役を操ったり攻撃したりしました。共産党内や、後の紅軍の中でも素早く同盟を結んだり解いたりしたのです。紅軍が国民党政府軍との権力争いに敗れて中国を横断した長征のときは党職員でしたが、彼と一部の幹部は自分で歩かず、輿に乗っていました[132]。共産党指導部は一九三五年一月に長征を一時中断し、遵義会議で大きな軍事的損失をどう後始末するかを決めました。

毛沢東は長征軍が貴州に入ると党の指導権を握るために積極的な手段を取り出した。**そのためには党内の政敵を内部から分断する必要があった**ので、特にそれまであまり仲がよくなかった二人のキーマンとの親交を深めていった……この二人とは過去にやり合ったこともあったが、二人とも党の実質的なトップだった博古に恨みを持っていたので、**このときばかりは彼らにへつらったのだ**[133]。

遵義会議ではこれまでの軍事的な失敗の責任が蒸し返され、毛沢東と二人の盟友は長征以前からの主要な指導者たちを強く批判しました。その過程で毛沢東は党の意思決定の中核を担う中央書記処の一員となりますが、彼はここで自分が「多数決によって」党と軍の最高指導者になったという、事実とは異なる主張を広めました。実際にはどちらの役割にも選出されておらず、中央書記処の一書記として選出されただけでした[134]。

毛沢東は、個人的な権力を得るためなら他者への共感や良心の呵責は一切示さず、どこまでも攻撃的に他者を非難しました。次の引用からは、彼の周囲にいたすべての人々が自制心を働かせていたせいで、そのようなものを持たない彼につけ込まれていた様子がうかがえます。

追い詰められていた毛沢東は、恐るべき意志力と途方もない激情を武器に戦った。彭真を「右翼」などの政治的レッテルで糾弾し、林彪を煽動したとして告発した。林彪は道理を説こうとしたが、毛沢東は「お前は赤子だ！ 物事がわかっておらん！」などと怒鳴り散らすばかりだった。林彪は怒鳴り合いでは毛沢東にはかなわず、叩きのめされて口をつぐんだ。彭真は良識や礼節を保とうとして破滅した。彭真は毛沢東とは違って十分な理由があるときでも自身のために権力闘争はしたがらなかったし、泥仕合や「政治的な」中傷合戦では毛沢東にはかなわなかった。[135]

毛沢東は、「多数決で」党と軍の指導者になったと主張したときのように、自分の功績や権力にまつわる嘘の情報を広める技術を持っていました。たとえば、配下の軍勢を無謀な戦いに投入して三万人ほどの戦死者を出しながら、毛沢東はのちに「それを恥ずかしげもなく自らの『偉業』と呼んだ」りしています。[136] 自分で広めた数々の嘘を足掛かりにして彼は世界に知られる毛主席の地位を得たのです。別の言い方をすると、毛沢東は最高権力の座に選出されたことは一度もないのですが、生涯を通じてそのような神話を自ら生み出し、流布していたのでした。[137]

架空の危機

毛沢東の支配には容赦がありませんでした。スターリンが共産主義の実現に向けて取った手法と同じように、「私が担当しているのだから、私が何をしようと人々のためになる」ということにしたのです。こうして集団農場化はあらゆる病気に効く治療法とされました。毛沢東が用いた架空の危機の一つが大躍進政策です。これは他の現代的な国々に追いつくために必要なものであり、これを実施しないと自分たちが危険にさらされることになっていたのです。

> 毛沢東は一九五八年に、農家が裏庭で製錬を行い国の生産高に貢献すれば、中国は鉄鋼の生産量を一年で倍増させられるという天啓を受けた……。また、中国は小さな畑で大量の穀物を育てられるので、残りは草原や庭園として開放できるという啓示も受けた……。この構想を実現するため、農民は五万人の共同体にまとめられ、毛沢東の足を引っ張ったり自明のことを指摘したりする者は階級の敵として処刑された。[138]

架空の悪者

大躍進政策の期間中、何らかの手段で抵抗したり割り当てられたノルマを達成することができなかったりした者は敵とみなされました。スターリンの場合と同じく、協力的でない農民は非難の標的となったのです。結果は酷いものでした。数百万人もの人が死んだのです。

次の架空の危機で悪者とされたのは、農民以外のほぼすべての人々でした。大躍進政策による大惨事から一〇年もたっていませんでしたが、毛沢東はまたひらめいてしまったのです。

毛沢東は、一九六六年から七五年にかけての文化大革命で、教師や経営者、地主の子孫や「豊かな農民」など「階級の敵」に対するテロを実行するため紅衛兵に襲撃を奨励し、おそらく七〇〇万人を殺した。[139]

架空のヒーロー

ヒトラーやスターリンと同じように、毛沢東にも彼を神と崇める非常に感情的な支持者が多数いました。彼は、町や都市の広場に設置した公共の拡声器から際限なく演説を流し、至る所に自分の写真を貼り付けました。外界と隔離された状況で感情的なメッセージを繰り返し、人々を誘導し続けたのです。人々が聞くことができたのは彼のメッセージだけでした。

毛沢東の政策は悲惨な結果をもたらしていたにもかかわらず、自身を売り込もうとする毛沢東のプロパガンダは大成功を収めていました。文化大革命中の一九六六年のことです。

……毛沢東崇拝がますます進んで最高潮を迎えていた。「人民日報」の一面に載るのは毛沢東の顔ばかりで、彼の発言を引用するコラムも毎日掲載された。すぐに毛沢東の顔が描かれたバッジが登場し、全部で四八億個ほど製造された。毛沢東の『選集』——そして毛沢東の肖像（一二億）——は中国の人口以上に印刷された。毛主席語録が全員に配られたのもこの年の夏のことだ。公的な場所では必ず携帯して見えるようにしておかなければならず、その内容は毎日復唱させられた。[140]

感情を煽るメディア

毛沢東の顔が至る所に貼られていただけでなく、毛主席語録も至る所に配布されました。文化大革命の間、「至る所に取り付けられていたため、血が沸き立つと同時に血が凍るような雰囲気を生み出していた」と言われています。毛沢東はこうした拡声器やラジオを通じて、各地の学生たちに公然と教師を非難させました。[141]

彼が生み出すことに成功した神話は今日まで続いています。彼の葬儀には多数の人々が参列し、彼の遺体や肖像画は今日でもまだ北京の天安門広場に展示されているのです。[142]

まとめ

この章で例として取り上げた三人には、感情戦と架空の危機の三段論法という同じような極端な傾向がありました。彼らが手に負えないパーソナリティパターンを持っている徴候は政治的キャリアの初期から歴然としていたのですが、ほとんどの人はそういうものを見分けるすべを持たず、手遅れになるまで彼らの危険性に気がつきませんでした。

政治的には、スターリンと毛沢東は極左であり、ヒトラーは極右でした。覚えておいてください。これは政策ではなく、パーソナリティの問題なのです。次に、現在世界各地にいるいかさま王たちと、彼らがどのように選出されたかを見ていきましょう。

第7章

危険な世界——ロシア、ハンガリー、フィリピン、ベネズエラ、イタリア

いくつかの国々では、二〇〇〇年以降の選挙で選出された指導者たちが、国内の架空の悪者に対して悪意に満ちた攻撃を行ったり、国内の民主的な手続きを構造的に攻撃したりしてきました。彼らには前章で取り上げた歴史上の指導者たちと同じように、王様気取りの対立屋のパターンが見てとれます。いまのところ現在の対立屋たちの方が自制していますが、技術的には現在の対立屋の方がはるかに危険人物になれるだけの力を持っています。感情を煽るために最先端のメディアが使えるだけに、人をだます力もはるかに上です。これまでのところ、彼らは驚くほど巧みに架空の危機を生み出したり演出したりしています。

ウラジーミル・プーチン〈ロシア〉

一九九一年にソ連がなくなると、ボリス・エリツィンがロシア連邦の初代大統領に就任し、ロシアを拠点としていたソ連中央政府の残存施設も実質的に彼が管理するようになりました。その後数年間は、市場経済や言論の自由、民主選挙に向かうかと思われましたが、その流れがすでに鈍化していた一九九九年に世界的な経済危機がロシアに大打撃を与えたため、心身をすり減らしたボリス・エリツィンがウラジーミル・プーチンを後任の大統領として指名したのです。

プーチンの前半生

ウラジーミル・プーチンは一九五二年に生まれました。清掃作業員をしていた母親は、プーチンの兄が二人とも早世したため、プーチンを溺愛していました。父親は工場労働者で、共産党の代理人をしていました。プーチンは貧しい環境で育ち、学校の内外で問題ばかり起こしていました。「近隣の（共産）党委員会に非行を叱責され、児童養護施設に送り込むぞと脅かされた」こともあったといいます。[143]

ピオネールという共産党の少年団にも最初のうちは参加しませんでした。彼は「自分はピオネールではなくフーリガンだった」と自らの少年時代を語っています。[144] その後武道を始めて、厳しい鍛錬にのめりこみます。

> 彼の人生を変えたのは武道だった。武道は彼に、自分より大柄で屈強な少年たちに対して自己主張する手段を与え……宗教にも政治にも見いだせなかった正統性を与えたのだ。武道は単なるスポーツ以上のものだと彼は信じていた。武道は哲学だったのだ[145]。

そのようにして武道に取り組むようになったおかげで、彼はやがてピオネールに参加するようになり、通っていた学校の支部長になりました。その後、中学二年のときに共産党の青年団コムソモールに参加し、生涯の仕事への第一歩を踏み出したのです。

対立を煽るパーソナリティ

プーチンは若い頃にKGB（ソ連国家保安委員会）の秘密諜報員にまつわる映画を見て、衝動的に自分もこんな仕事に就こうと決心しました。一人の人間が何千人もの命に影響を及ぼすことができるという考えが気に入ったのです[146]。

エリツィンが次期大統領として指名したときにはすでにプーチンはKGBの後継機関であるロシア連邦保安庁の長官となっていましたが、当時ロシアは経済危機で大打撃を受けていたため、彼がここまで長く持つとは誰も予想していませんでした。

［その頃にはもうほとんどのロシア人は］救世主を求めていた。単に決断ができるだけでなく、支配してくれる指導者を求めていたのだ。プーチンは到底その役割にふさわしいようには見えなかった。これといった経歴もなければ存在感もなかったからだ。[147]

それでも、独立系の世論調査によると、一九九九年八月から一一月までの間に、彼の強気な発言やこれから述べるような数々の攻撃的な行為をもとに、彼が「よくやっている」と信じるようになった人々の割合は三一％から八〇％になったのです。[148]

架空の危機

プーチンは大統領に就任するとチェチェンとの戦争を再開しました。どうやらこれがロシア人に受けたようです。プーチンは指導者らしい行動や発言をしているように見え、また、エリツィンよりも強く、覚悟があるような印象を与えました。

架空の悪者

プーチンはチェチェンの反体制派を「テロリスト」と称しました。

「われわれはテロリストがどこにいようが追跡する。空港にいるなら空港でもだ。申し訳ないが、もし彼らが用を足しに向かうのを見つけたら、必要に応じてトイレで消し去ることにもなるだろう。そういうわけで、この件は終わりだ[149]」

大多数の人々は彼の強気な話し方に好感を持ち、彼が強く、謙虚で理性的に見えるところに魅了されました。彼は指導者らしく見えるだけでなく、国民の味方にも見えたのです。

二〇一二年一月にマイケル・マクフォール米国大使がロシアに着任すると、プーチンは即座に彼を標的にして、彼は革命を煽動するためにロシアにやって来た工作員であると主張しました。これは三月の大統領選挙で勝つために意図的に行ったものだったのですが、二月にはマクフォールが小児性愛者であるという嘘をほのめかすビデオが流出し、口コミで急速に拡散しました。当時、ロシアでは多くの政治家が同じように、まともな根拠もなく小児性愛者であるという告発を受けていました。これらの攻撃の背後にはロシア政府がいると信じられていました[150]。

大使がそのような扱いを受けるのは前代未聞のことでしたが、この嘘の主張は、プーチンがロシア国内の批判や、いまや彼にとって最大の非難の標的となったアメリカとそのモスクワ駐在員に対抗するために用いた戦術だったのです。

架空のヒーロー

一九九九年の世論調査では、ロシア人が旧ソ連時代を懐かしんでいることが明らかになりました。五八％の人々が物事のあり方は一九八五年以前の方がよかったと言い、二六％がこの国にはスターリンのやり方が合っていたと答えました（一九九四年の調査では一八％）。また、かつての独裁者に対して、もう否定的な見解は持っていないとした人が大多数でした[151]。

ロシアを導く架空のヒーローがウラジーミル・プーチンという形で戻ってきたのです。彼は民主的な強い指導者になろうとしていたのでしょうか。それともロシアを全体主義的な政府に戻そうとしていたのでしょうか。

プーチンは（二〇〇二年までの）わずか二年で連邦が地方選出の知事を監督できる仕組みをつくり、知事の解任権を中央政府に与え、知事の権力を大幅に弱めた。また、司法改革を覆し、国営テレビ放送をクレムリンの手で独占した。プーチン体制はまだ権威主義とは呼べないが、目指す方向はどうやらそちらのようだ。このような移行は……「権威主義的な状況」だ——つまり、ロシアでは権威主義が発生する可能性がある[152]。

プーチンは支配的なパーソナリティの持ち主でしたが、ナルシストの側面もうかがえました。「新しい大統領は批判に敏感で執念深いという評判を得つつある……」とも言われていました。[153]

ロシア憲法には大統領の在任年数に制限はありません。「連続で」三期以上務めるのが禁じられているだけです。プーチンが二〇〇〇年から二〇〇八年まで二期大統領を務めると、ドミートリー・メドヴェージェフがその後を継いだのですが、メドヴェージェフは即座にプーチンを首相に任命しました。

メドヴェージェフの任期が切れると、プーチンはふたたび大統領に立候補しました。世論調査によると、二〇一一年一一月の時点では予想される有権者からの支持率は三四％しかなく、プーチンが再選を目指すことを発表すると多くの人々が憤慨しました。二〇一一年一二月の議員選挙では、彼の（統一ロシア）党は予想よりも伸び悩んだものの、なんとか最大の票数を勝ち取ったのですが、選挙が操作されていたのは明白だったため、一九九一年のソ連崩壊以降では最大となる何十万人もの人々が通りに出て抗議しました。

このデモに参加したロシア人に対するプーチンの最初の反応は怒りだった。自分が彼ら若きプロフェッショナルたちを豊かにしてやったのに、今度は歯向かうのかと思ったのだ。このデモには彼のもとで財務大臣を務めたアレクセイ・クドリンまでもが参加していた。これは裏切りだった。プーチンの次の反応は恐怖だった。彼と彼のチームは抗議の規模に驚いたのだ。彼の統治下でこれほど多くのロシア人がデモに参加したことはなかった。市民からの

メッセージはすぐに急進化した。もともとは選挙の歪曲に対する憤慨から始まったのに、プーチン政権の退陣を要求するようになったのだ。[154]

そこでプーチンは、二〇一二年三月の選挙に備えて、マクフォールだけでなく、ヒラリー・クリントンとジョージ・ソロスも標的として利用することにしました。当時はロシア大統領のメドヴェージェフさえもがマクフォールに対して選挙が終われば事態は沈静化すると密かに伝えていましたが、[155]すでに見てきたとおり、この戦術は成功してしまうのです。プーチンの支持率は、一一月には三四%しかなかったのに、三月には選挙に勝てるまでになっていました。彼はそこからさらに反対意見を強く取り締まるようになったのです。[156]

感情を煽るメディア

プーチンは、二〇〇〇年に大統領に就任した最初の年から、メディアを支配することで独裁的な支配体制を築いてきました。「最初の一年が終わるまでにロシアでもっとも重要な三大テレビチャンネルを事実上の子飼いにしていた」のです。[157]

彼が自国に伝えたがっているメッセージにかわるものを用意できるような有力な競合相手はいなかったため、プーチンは長年にわたって「小児性愛者の脅威」、「同性愛のプロパガンダ」、ロシアのキリスト教的価値観や伝統に対する西側の「攻撃」といったものを主張できました。これほど長きにわたってさまざまな架空の危機をテレビで宣伝してきたため、二〇一二年の時点では国民の大多数が彼の味方になっていたのです。彼らは（架空の）悪者が誰であるか知っていましたし、もちろん（架空の）ヒーローが誰かもわかっていました。プーチンがしっかり教え込んでいたからです。

二〇一八年の選挙がやってきたとき、プーチンが勝つのは誰もがわかっていました。まともな対立候補は候補者名簿に名を載せることさえ許されなかったからです。ニューヨーク・タイムズ紙は選挙の直前に、ロシアの女性の間でプーチンが支持されていることと、そこで彼が活用したテレビが果たした役割をまとめた記事を載せました。

ロシアの女性たちとウラジーミル・プーチンの特別な関係は、彼が権力を握った最初の年まで遡ることができる。二〇〇〇年のプーチン氏の名前が初めて候補者名簿に載った選挙では、彼の得票の六一％が女性からのものだった。男性からの得票は三九％にすぎなかったのだ……。ピュー研究所によると、二〇一二年には七五％の女性がプーチン氏に好意的な意見を寄せていた。それに対して男性の方は六九％だった……。

特に支持の牙城となっているのが年配の女性だ。私は先月サンクトペテルブルクで一週間かけて多くの年配女性に声をかけてみたのだが、彼女たちの職業はさまざまで、収入や教育のレベルも多様だったが、全員が彼に投票すると答えた。その大半が、**彼はいい男だから——強くて、健康で、活動的だから**投票すると言うのだ……。

……女性が定年を迎える頃には夫が死んでいることも多い。彼女たちの一日は、孫の世話と、他の年配女性とのつきあい、そして**テレビを見ること**で成り立っている。[158]

ウラジーミル・プーチンはどうやら古典的ないかさま王のようです。ここでも一人のパーソナリティが世界を大きく変えて、自国で生まれたばかりの民主主義を終わらせたのです。これは避けようがなかったことではありません。エリツィンは一九九九年にもう少しで別の人物、ボリス・ネムツォフを指名するところだったのですから。

エリツィンがネムツォフを後継者に選ぶ可能性は十分にあった。そうすれば世界がウラジーミル・プーチンの名前を耳にすることはなかったかもしれない……。ネムツォフには大統領として——「民主的な」大統領として——成功できるだけの手腕もカリスマ性もあった。[159]

オルバーン・ヴィクトル〈ハンガリー〉

ハンガリーは、第二次世界大戦後ソ連の支配下に入ったワルシャワ条約機構加盟国の一つで、一九五六年の動乱はソ連に鎮圧されたものの、最終的には大半のワルシャワ条約機構加盟国よりはソ連から自由な立場を手に入れ、ソ連が綻び始めた一九八九年には共産主義陣営を離れて議会制民主主義の共和国となりました。

一九九〇年には最初の議員を選ぶ自由選挙を行い、一九九一年にはすべてのソ連軍がハンガリーから撤退しました。NATOへの加盟は一九九九年。二〇〇四年にはEUにも加盟しています。ハンガリーはこのような流れでロシアから離れて西側諸国寄りになり、アメリカやヨーロッパと民主的な強い絆を結ぶようになりました。一九八〇年代に民主化要求運動の立ち上げを助ける組織を結成した若き学生指導者の一人だったのがオルバーン・ヴィクトルです。

オルバーンの前半生

オルバーン・ヴィクトルは一九六三年生まれ。農学者で起業家の父親と言語療法士で特殊教育の専門家だった母親についてハンガリーの村々を転々とした田舎育ちの少年でした。二年間従軍したあと、法科大学院に進みますが、入学には共産党の若手集団に加入する必要がありました。彼はこうして共産党入りし、リーダーになりました。

大学入学後は共産主義やハンガリーの共産党政府を否定するようになり、民主化要求組織を結成する手助けをしました。この組織が後のフィデス党です。一九九〇年の国政選挙で彼の組織は二二議席を獲得しますが、その後すぐに状況が一変します。

もっとも、二年足らずでフィデスの精神をめぐる争いが起こったのだが、この争いで明らかになったのが、オルバーンは若い頃から権力を追求するためなら政治的イデオロギーを変えることもいとわないということだ。共産主義後のハンガリーで最初の中道右派政府は、経済の崩壊に苦しんでいた。そのため、党の共同設立者の一部はもっと人数の多いリベラルな党との同盟を望んでいた。しかし、オルバーンはフィデス党が呑み込まれてしまうと思い、党を右傾化したがった。右翼ならば支配的な政治勢力になれるかもしれないと思ったのだ。「オルバーンは『われわれの第一の敵は例のリベラルな政党だ。これは戦いであり、われわれは勝たねばならない』と言っていた」とフォドル・ガーボルは語った。[160]

対立を煽るパーソナリティ

オルバーンと彼が率いる右翼のフィデス党は二〇一〇年の選挙に勝って権力を握り、以来ハンガリーを支配しています。オルバーンはこれまで、自身を選出してくれた民主主義を解体するためにかなりの精力を注ぎ込んできました。二〇一〇年に行われた会議の報告によれば、そのような方向性を選択したのはオルバーン本人でした。

ドナウ川の川岸にあるハンガリーのホワイトハウスとして知られる建物に集まったフィデ

ス党の最高幹部たちは、自分たちが得た幸運の大きさに呆然としていた。彼らの右翼政党は国政選挙で予想もしなかったほどの圧倒的な政治力を勝ち取っていたのだ。問題は、それをどう活用するかだった。

用心を促す者も何人かはいたが、首相に選出されたオルバーン・ヴィクトルはその意見には与しなかった。投票の結果、オルバーン氏が続投し、憲法の大胆な見直しを実施する権限を与えられることになった。[161]

彼は権力の座に就いてからというもの、ハンガリー憲法を改正するために積極的に動き、市民社会には制約を課して、ＥＵからの資金や連邦政府の資金を自身の目的のために流用しました。ハンガリーのメディアにも制約を課し、自分の政党に有利になるように選挙区を再編し、彼の権威主義的な努力の多くを棄却していた司法を管理下に置こうとしました。

ハンガリーが一九九〇年代にソ連のもとから逃れてきたときには西側から民主主義国として迎え入れられましたが、オルバーンはほとんど独力で彼が言うところの「リベラルでない民主主義」を生み出しました。彼はハンガリーをヨーロッパのふつうの国のように見せかけながら、実は独裁へと向かわせていたのです。[162]

架空の危機

オルバーンは、ハンガリー人はEUやハンガリー生まれのアメリカ人、特にジョージ・ソロスから酷い扱いを受けていると主張しています。

架空の悪者

ジョージ・ソロスは起伏に富んだ劇的な人生を送ってきた大富豪です。青年時代を第二次世界大戦中のハンガリーで過ごしますが、ユダヤ人だったために迫害を受けました。生き延びた彼は、戦後アメリカに渡り、株式市場に投資して大成功を収めます。また、祖国をはじめ、世界各地の国々に民主主義を普及させるためにも努力してきました。

そんな彼が、皮肉にもオルバーンとフィデス党の非難の標的となったのです。ソロスを悪者に仕立て上げたのが功を奏して、オルバーンは二〇一八年四月に四期目の大統領職を勝ち取りました。

一九八九年のベルリンの壁崩壊以降、ソロスは旧共産圏諸国に自由民主主義を普及させるため何億ドルも投資してきた。これは東欧を救うために誰の手も借りずに行ったマーシャルプランであり、個人の取り組みとしては史上かつてないものだった……。

また、彼はグローバリゼーションに対する反動で**悪者の指定**を受けて危うい立場に立たさ

> れたことにも気がついた。ユダヤ教徒であることや金融界でのキャリアのせいで、彼は世界各地の反動主義者にとってうってつけの仮想敵となったのだ。[163]

架空のヒーロー

架空のヒーローはオルバーンと彼の党ですが、彼らはハンガリーだけのヒーローではありません。

> 国ごとに違いはあるが、オルバーン氏のハンガリーは、ヤロスワフ・カチンスキのポーランドやレジェップ・タイイップ・エルドアンのトルコ、ウラジーミル・プーチンのロシア、その他、ポピュリズムが進行してきた他の民主主義国で、一部の専門家が言うところの「権威主義化」のひな形となってきた……。ポピュリストたちは、たとえぎりぎりの当選であろうと、選挙に勝った以上は民意であり、自分たちを権力の座に上げてくれた民主主義を蹂躙《じゅうりん》する免状を得られたと考える——なんという皮肉だろうか。[164]

オルバーンと彼の党は広告の看板、テレビ、ラジオを席巻しました。オルバーンはこのような反民主主義的な行為を通じてハンガリーで大きな権力を握りましたが、EUは彼を止めることにかけてはほとんど無力でした。ハンガリー向けの財政支援についてはかなり財布の紐を締めたものの、

EU加盟国となった元東欧諸国とは事を荒立てたくないという考え方でした。[165]

感情を煽るメディア

オルバーンは二〇一八年に再選されるにあたって二〇一五年の移民危機を利用しましたが、この危機は三年前に彼とその政府が厳しい入国制限を課すことでおおむね終わっていたものでした。

(二〇一八年の)選挙では移民が大きな焦点となった。国営テレビは中東やアフリカからヨーロッパへの難民や移民の流入危機が頂点を迎えた二〇一五年の映像の中でも特に劇的なものを一日中再放送した。[166]

このように、架空の危機は国営テレビや、テレビに流れる映像を管理すれば、何年も生き続けることができるのです。

彼は報道に制約をかけ、メッセージを操作することで、隔離された状況下で感情的なメッセージを繰り返し行う機会を生み出しました。彼は野党を分断して選挙区を再編したため、直近の選挙での党の得票数は以前に比べて減ったにもかかわらず政府を支配し続けています。

二〇一八年には議会で三分の二の議席を獲得したため、彼の党は「ハンガリーを守るために」憲法改正などをやりたい放題できる立場になっています。[167]

ロドリゴ・ドゥテルテ〈フィリピン〉

フィリピンは南太平洋にある七〇〇〇の島々からなる国です。米西戦争の結果、一八九八年からはスペインから支配権を獲得したアメリカが統治していましたが、第二次世界大戦中、一九四二年から一九四四年までは日本に占領されました。その後はまたアメリカが支配権を取り戻したものの、一九四六年には民主的な憲法と選挙制度を持つ独立国となりました。その後も急速に成長し、一九七〇年に三〇〇〇万人だった人口は、本書執筆時点では一億人を超えています。

一九六五年から一九八六年まではフェルディナンド・マルコスが戒厳令と圧政を敷いてフィリピン政界を牛耳っていましたが、一九八六年に非暴力の「ピープルパワー」運動が起こってマルコスは失脚し、国外に逃れます。その後三〇年間民主的な選挙が続いた後に権力の座に就いたのがロドリゴ・ドゥテルテでした。[168]

ドゥテルテの前半生

ロドリゴ・ドゥテルテは一九四五年生まれ。父親は弁護士で、母親は学校の教師でしたが、二人とも政治に関わるようになり、父親は市長を経て州知事になりました。ドゥテルテは高校までに「乱暴な言動」によって二つの学校を退学になったものの、最終的にはカトリック系の高校を卒業しました。

彼は悪い学生だったわけではない。ただ都会の悪い連中とつるんでいるうちに彼らの言葉や癖が身についてしまった。そのせいで学生時代は大いに問題を起こし、家ではひどく鞭打たれたのだが、その経験が後に大衆とつながるときに役立ったのだ。[169]

彼はその後法科大学院に進み、最初はダバオ市の検察官に、その後、一九八八年には市長になりました。続く二〇年間は、一九九八年から二〇〇一年にかけて下院議員を務めた期間を除けば、ほとんどを市長として過ごしました。[170]

対立を煽るパーソナリティ

ドゥテルテはダバオをうまく治めましたが、そこから彼のパーソナリティが垣間見えます。ダバオの暗殺団は一九九八年から二〇一六年にかけて一四〇〇人以上を処刑したといわれています。ドゥテルテはこの暗殺団への関与を肯定したり否定したりしていましたが、この期間中、彼が広く支持され続けていたのは明らかです。

この二〇年間でダバオの人口は倍増し、一五〇万人以上になった。ドゥテルテはこの都市を、第三世界の悪の巣窟から、法を守る人が住みやすい心地よい場所へと――さらにはビジネスの中心地へと――転換させた。それが成功したのは、彼が策略や非情な仕打ちも交えつつ、ムスリムや共産党員に報奨金を与えてその活動をよそに移らせ、言うことを聞かないなら報復すると脅したからだ。多くの人権団体は、ダバオ暗殺団と呼ばれるようになった謎の襲撃者たちが彼の在任中に実行した一〇〇〇件近い未解決の殺人事件は、彼に責任があるとしている。[171]

ドゥテルテが二〇一六年にフィリピンの大統領に選出されたのは、一つには彼が麻薬取引を取り締まり、極端な貧困に陥っている多数の国民を救済すると約束したからでした。保守派のフィリピン人、海外からの移民労働者、教育を受けた中産階級、都市部の貧民、非正規労働者を一つにまとめ上げることができたからこそ大統領に選出されたのです。

最初の二年間は、八〇%程度の揺るぎない支持率を維持していました。麻薬戦争に邁進していたのがその大きな要因でした。七〇％以上がそれを支持していたのです。[172]

架空の危機

ドゥテルテは、フィリピンの麻薬問題については乱暴な強い言葉を使ってきましたが、この問題の実際の規模については疑問があります。フィリピン人が麻薬の利用を実際に危機とみなしているのかははっきりしないのです。フィリピンで毎年もっとも懸念される問題を五つ選出するという信頼できる世論調査では、麻薬の使用がそのリストに登場したことは一度もありません。人々は麻薬の密売人を怖れてはいますが、バイクに乗った身元不明の（多くの人々が私服警察だろうと信じている）襲撃者が街中で容疑者を冷酷に射殺するよりは、容疑者を生きたまま捕らえて裁判にかける方が望ましいと考えています。[173]

架空の悪者

ドゥテルテの頭の中では、麻薬の密売人だけが悪者なのでしょうか。それとも麻薬中毒者全員が悪者なのでしょうか。彼は、中毒者はしばしば密売人になると主張して、あまりにも麻薬との戦争を広げすぎているため、誰もが射殺の対象となりえます。

大口の密売人だけでなく、小口の麻薬使用者も警察の積極的な取り締まりの対象となって

いる。その結果は血の海だ。去る八月に行われた政府の「単発の大捕物」では一晩で五二人の死者が出た。政府によると、麻薬取り締まりによる死者はこの年の年末までに四〇七五人に上った……。この殺し屋たちが自身の汚職を目撃した人を黙らせようとしている私服警察官であろうと、麻薬戦争を隠れ蓑にして恨みを晴らしている近隣の暴力団であろうと、この暴力はあまりにも酷い。[174]

架空のヒーロー

ドゥテルテは大多数のフィリピン人からヒーローとみなされてきました。警察もヒーローとみなされることは多いのですが、彼らも架空のヒーローなのかもしれません。警察は腐敗して麻薬の「供給源」となっていることが多いのです。彼らはしばしば自分たちが殺した死体を扱う葬儀屋から集金しています。皮肉にも、麻薬問題を減らす最大の障壁となっているのは警察の暴力と腐敗という可能性すらあります。[175]

ドゥテルテはたまに警察の腐敗を告発することもありますが、長続きすることはありません。麻薬戦争で警察が極端な手段を取るのを擁護してきた真の目的は、独裁政権を確立するための地ならしだとする説もあります。[176]

フィリピン人は独裁的なアプローチに耐えられるのでしょうか。フィリピン人は忠誠や服従を重視すると考える人もいますが、状況によってはその忠誠がいとも簡単に別のものに変わる可能性もあります。

ここの民主主義では社会慣習が独裁者のような役割を果たすことがある。議員は何かのきっかけで魚の群れのように一斉に向きを変えることもあるのだ。[177]

対立を煽るメディア

ドゥテルテも、他のすべてのいかさま王と同じく、絶えずテレビで演説をしたり人々に語りかけたりして、自分たちは被害者であり、その背後には邪悪な人々がいるというメッセージを感情的に繰り返しています。

ただし、重要なのは彼がメディアで何をどう言ったかだけではありません。ドゥテルテもメディアを掌握しつつあり、彼が感情的に繰り返しているメッセージを、国民が隔離された状況で受け取ることになれば、ますます影響力が強まる可能性があります。彼は国内最大手の新聞やオンラインニュースサイトに対して、自身に近しい支持者に株を売らなければ投獄すると脅迫し、株を売らせました。

また、ドゥテルテはフィリピンで最初に選挙でソーシャルメディアを使いこなした政治家でもあります。二〇一六年の選挙でも、フェイクニュースの投稿も含めてソーシャルメディアを大いに活用しました。

（「教皇までもがドゥテルテを称賛」と題した大嘘の投稿もあったが）今日のフィリピンのトップブロガーの多くは筋金入りのドゥテルテ信者だ。「三〇がらみのフィリピン人市民ジャーナリスト」R・J・ニエトもその一人で、彼は「考えるピノイ（フィリピン人）」という名前でブログを書き、自身を「おかしなくらいに愛国的で、ほとんどビョーキ」と表現している。ニエトを批判する人々は、彼のことを「フェイクニュース」をもっとも悪用している人物の一人だと指摘している。[178]

ニコラス・マドゥロ〈ベネズエラ〉

ベネズエラは石油資源に恵まれた国で、長年にわたって民主制が敷かれ、世界の発展途上国の間では成功した国と見られていました。複数の裕福な一族による寡頭制が敷かれ、国民の大半は極貧のままだったとはいえ、中産階級も増えてきていたのです。[179]

一九九八年には五六％の票を集めたウゴ・チャベスが、三九％しか得票できなかった次点の対立候補を抑えて大統領に選出されました。チャベスは政治家としての経験はなく、この選挙までは公共部門で仕事をしたことすらなかったのですが、革命の指導者を自任する彼は、汚職に終止符を打ち、石油業界を民主化し、貧困を終わらせることを目標にしました。彼はカリスマ性のある指導者で、貧困層のために富裕層やアメリカと戦い、テレビ演説でも定期的にアメリカを攻撃しました。

もっとも、ここで焦点を当てるのはチャベスではありません。彼は二〇一三年に癌で亡くなりました。すると、ベネズエラ人は彼が後継者に指名したニコラス・マドゥロを僅差で選出したのです。

マドゥロの前半生

マドゥロの主張によれば、若い頃はヒッピーの気があったそうで、バイクに乗ったり（事故にもあった）、バンドをやったり、インドの神秘主義者の教えを研究したりしていました。政治に関してはかなり手堅い方でした。父親は左派の労働組合員で、マドゥロも一二歳のときに学生組合に加わり、歯に衣を着せない左派の支持者として知られるようになりました。学校は程なくしてやめてしまいますが、その後「社会主義は戦いで勝ち取るものだ」というスローガンを掲げる左翼団体、社会主義統一党に加わりました。[180]

対立を煽るパーソナリティ

マドゥロには、チャベスのようなカリスマ性も、ベネズエラの石油ブームがもたらした資金もありませんでした（世界の石油市場では原油価格が劇的に下落）。また、気の利いたこともできなければ、繊細さもありませんでした。彼は妄想性のパーソナリティ障害を持っていると言う人もいます。ただ、少なくとも彼は対立を煽るパーソナリティの持ち主ではあるようです。また、非難の標的も多くあります。

マドゥロが内輪の人間以外信頼しておらず、絶えず（自分自身、あるいは政府の社会、経済、政治的なプロジェクトに対する）共通の敵を探し求めていることは、これまでの談話にもあらわれていたし、時には彼のソーシャルメディア戦略が猛烈な勢いで見せつけてきた。[181]

これから示すように、彼はだんだん権威主義的な傾向をあらわすようになっています。

架空の危機

マドゥロが危機を生み出す手口は、野蛮であると同時に単純なものでもありました。ベネズエラの問題はすべて「反革命」のせいだと非難し、自分が勝ちたいと思ったら誰にでもそのレッテルを貼ったのです。

また、彼は自分自身も自分の祖国ベネズエラもアメリカから攻撃を受けていると言います。

社会党のニコラス・マドゥロ大統領が水曜日に述べたところによると、今回発覚した暗殺計画をたどっていくとそのままホワイトハウスに行き着くという。ベネズエラの指導者はアメリカの侵攻が迫っているというお馴染みの警告を繰り返したが、今回は多少の詳細は示したものの、証拠は示さなかった……。ドナルド・トランプ大統領は政権初期に「軍事的な選択肢」を用いてマドゥロを権力の座から排除する考えを公の場で述べたが、顧問団は再考を促していた。[182]

こうした話のどこまでが架空で、どこまでが現実かわかりづらいのが、対立屋同士の関係を理解しようとするときに困ることの一つです。

架空の悪者

マドゥロはだんだん極端になってきています。政敵を投獄し、ますます多くの人々に反革命のレッテルを貼るようになっています。

革命にはこれまで手心を加えていたが、そろそろ「反革命」には「正義と断固たる態度」をもって当たるべきなのだと彼は主張する。外部の人間にはベネズエラで起きていることは容易に理解できるものではないと認めつつ、「これは革命であり、われわれはその進行を早めている最中なのだ」と言うのだ。[183]

彼は、自分の政敵と協調するアメリカのことを非難の標的とみなしています。二〇一八年一二月九日のニューヨーク・タイムズ紙の記事には「マドゥロは多くの野党指導者がアメリカ主導の軍事侵攻を待ちわびていると言ったが、詳細は明らかにしなかった」と述べられています。[184]

架空のヒーロー

マドゥロは常に自分を革命のヒーローとみなしてきました。その権力欲はますます強くなり、二〇一七年には革命を完全に支配下に置くために、憲法を改定し、議会を入れ替えました。

> 国会は野党が多数派を占め、「大統領の責務を放棄している」としてマドゥロを譴責し、ひたすら彼の構想をくじいてきたため、苛立ったマドゥロはあっさりと自前の議会――自分の支持者ばかりの代替機関――をつくり、その議会に国の憲法を改定する権限を与えることにした。春の間中続いた野党との戦いで、政府と抗議団体が四カ月間も対立することになり、数十人が死に、数百人が負傷した。最終的に、マドゥロは七月に憲法制定会議と称する新しい機関のための選挙を開催することに成功した。抗議は途絶え、彼は大統領就任後初めて議会をしっかり統制できるようになったようだ。[185]

これを書いている二〇一九年一月の時点でもうマドゥロの国は予想どおりガタガタになっています。国民の多くが貧困に陥り、餓死寸前の人々もいます。絶対の忠誠を誓う人々は特別扱いされていますが、何百万ものベネズエラ人が近隣諸国に逃れました。こうなると政権への反対が強まり、支持者も減り、さすがにマドゥロも足元がぐらついてはいますが、いまがもっとも危険な時期である可能性もあります。いかさま王は権力を維持するために反対者を激しく攻撃し、締め付けを強化するという行為に出ることがあるからです。

感情を煽るメディア

マドゥロもチャベスと同じようにテレビを効果的に使おうとしています。師匠にならって、庶民的なスタイルですが、師匠ほど魅力的ではありません。

マドゥロの演説は無遠慮で挑発的だ。その演説を彩る偉そうなユーモアのセンスや声は、彼がマイクを使わずに群衆をまとめることに多くの時間を費やしてきたことをうかがわせる。カメラが回ると、彼は一時間にも及ぶ——庶民的な説教、社会主義のスローガン、冗談、大言壮語を交えつつ、自分は政敵に勝ったという話を中心とした——独演を行った。[186]

ここでもいかさま王におあつらえ向きの感情を煽るメディアとしてはテレビが最強なのかもしれませんが、マドゥロにとってはそれでは足りないのかもしれません。

シルヴィオ・ベルルスコーニとその後継者〈イタリア〉

イタリアは、第二次世界大戦終結後に民主主義に大きく舵を切った国の一つです。しかし戦前の一九二二年に国王が首相に任命したベニート・ムッソリーニが党首を務めていたファシスト党は非常に国粋的でした。彼らは独裁を信奉し、一九二五年にはイタリアにムッソリーニを指導者(「イル・ドゥーチェ」)としたファシスト党政府の樹立を宣言します。大衆に人気があったムッソリーニは、国民を誘導して、似たような考え方を持つドイツの独裁者アドルフ・ヒトラーと同盟を結びました。

もっとも、第二次世界大戦の風向きが悪くなってきた一九四三年にファシスト党は手のひらを返します。ムッソリーニは逮捕され、その後、一九四五年に処刑され、その遺体は見せしめとして広場に逆さ吊りにされました。一九四六年には君主制が終わり、イタリアは民主主義国家となりましたが、一九九〇年代に入ってイタリアの政治シーンにシルヴィオ・ベルルスコーニが登場したことで、イタリアの民主制は危機に陥り、いまに至っています。[187]

ベルルスコーニの前半生

シルヴィオ・ベルルスコーニは一九三六年にミラノで生まれました。父親は銀行員で、母親は主婦でした。彼の一家は第二次世界大戦中に連合国軍の絨毯爆撃にあっています。暮らしていた通りに爆弾が落ちたこともありました。母親とは仲がよかったことや、父親が戦争から帰ってからは「父の懐に入れられ、澄んだ日差しを浴びて歩きまわった」ことを本人が公表しています。[188]

ベルルスコーニが育ったのは下層中産階級が多く暮らす荒っぽい地域で、周囲には不良がたくさんいました。学校ではいじめにあいましたが、あるときやり返してからはいじめられることはなくなり、リーダーになりました。また、授業の理解が早く、起業家精神にあふれていることでも知られていました。他の学生の勉強を手伝って小遣い稼ぎをしていたのです。[189]

初めて不動産取引をしたのは二五歳のときでしたが、たちまち業界を席巻して、富裕層の仲間入りをしました。その後、政府の規制が緩み、テレビやメディア業界の所有が簡単になると、その業界も嵐のような勢いで手中に収めます。[190] そして、彼は政治に目を向けたのです。

対立を煽るパーソナリティ

ベルルスコーニは（一九九四年から二〇一一年にかけて断続的に）九年間イタリアの首相を務めました——第二次世界大戦以降の首相としては最長の在任期間です。彼は二度の政権で対立屋の徴候を数多く見せたのですが、イタリアの政界に入って二〇年近くたった二〇一二年に脱税で有罪となり、イタリア元老院から除名されかけます。ある心理学者が彼のパーソナリティ障害を指摘したのもそのときです。

シルヴィオ・ベルルスコーニは水曜日の晩に行われる議会からの除名投票に向き合う準備をしているが、イタリアを代表する心理学者の一人が、元首相は「狂気」の徴候を見せており、「パーソナリティ障害」を持っていると発言した。

この診断は、ルイージ・カンクリーニがラジオ24でインタビューを受けている最中に行ったものだ。

カンクリーニによると、七月に最高裁で脱税の有罪判決が出たベルルスコーニは――有罪が確定したのは今回が初めてである――「自己愛性パーソナリティ障害」を持っているという。[191]

架空の危機

イタリアは一九九〇年代前半に多くの財政問題に直面し、左寄りの「五つの与党すべて」が汚職捜査の対象となりました。ベルルスコーニは、生意気で高圧的ではあったものの汚職とは無関係の人物として政権の座に就きました。苦悩するイタリアを救えるのは自分しかいない。政治に関しては門外漢だが、今回の捜査で悪者視されて白旗を掲げ、権力を失い、消滅しかかっている政府からイタリアを救ってみせるというのが彼の売り文句でした。彼はイタリアを国際的に重要な国に戻してみせると約束しました。[192]

架空の悪者

彼が悪者としたのは、旧共産党やリベラル諸党など、親欧米派の五つの与党でした。彼はこれらの集団がイタリア人が本来得られるはずの特権を奪っており、イタリア人の税負担を増やしていると主張しました。

架空のヒーロー

ベルルスコーニは自分が首相に選出されたら国民全員に富と栄光がもたらされ、さらに一〇〇万人分の職を提供すると約束しました。また、EUとの債務危機も解決することになっていました。あからさまで見え透いた嘘です。もちろん実現不可能な約束でした。[193]

また、ベルルスコーニは、自身が所有する三つのテレビネットワークで自分を売り込む大々的な選挙運動にも着手しました。ある広告では「私は政界のイエス・キリストだ」と主張しました。[194]

ベルルスコーニは首相の座を勝ち取りましたが、約束は何一つ守りませんでした。それにもかかわらず、彼が何度となく繰り返した話があまりにも効果的だったため、イタリア人は約束の履行に完全に失敗している彼を――そして彼自身の汚職も――繰り返し許してきました。

二〇一三年にベルルスコーニは脱税で有罪となり、禁錮四年の実刑判決を受けましたが、七〇歳を過ぎていることを理由に刑務所への収監は免除され、かわりに無償の社会奉仕を行うことになりました。また、ベルルスコーニは、一人の未成年者を含む、数多くの売春婦が関与する各種のスキャンダルにも巻き込まれています。[195]

感情を煽るメディア

驚くことではありませんが、ベルルスコーニはイタリアのメディア、特にテレビを支配してきました。

過去三〇年間、イタリアの首相シルヴィオ・ベルルスコーニの一家はメディアセット帝国と呼ばれるイタリア国内の三大テレビチャンネルを支配してきた。政府のトップであるベルルスコーニは、全国的な「公共放送」であるイタリア放送協会（RAI）の手綱もしっかりと握り続けてきたのだ。メディアセットグループと放送協会を合わせると国内の視聴者と広告収入の約九〇％を管理していることになる。

そのため、放送メディアの報道はだんだん党派的になってきた。ベルルスコーニと政府は批判的なイタリアのメディアの口を封じて徹底的な調査を逃れようとすることを繰り返してきた。いまや有意義な政府批判ができるのは一握りの出版社と放送協会内部で孤立しているわずかな人々のみだ。

ベルルスコーニは放送協会内に批判的な声があることに不満を漏らし、ディレクター陣に黙らせるように圧力をかけているという。過去にメディアにリークされた情報によれば、ベルルスコーニとその仲間たちはさまざまな汚職に関与してきた。[196]

ベルルスコーニは脱税で有罪になったため、二〇一八年の選挙に立候補することはできませんでしたが、党を率いることはできました。もっとも、彼の党も三位に食い込んだとはいえ、彼の存在が有権者の怒りを買い、他の二つの反エスタブリッシュメント政党の勝利につながりました。

これを書いている二〇一九年の時点では、イタリア政府はリーダーの人選と政策の両方で迷走しています。どうやらベルルスコーニが長年かき立ててきたエスタブリッシュメント層に対する怒りのせいで、現実に基づいた政策を提供したり、優先順位を決めたりすることができなくなっているようです。現状打破の現実味も遠のく中、架空の危機の効用にも限界が来ているのでしょう。

ベルルスコーニの非常に攻撃的なナルシスト的パーソナリティは、不動産やメディア界の重鎮となるうえでは役に立ちましたが、彼はそのせいで嘘の約束を連発したり、他の政治家に対する辛辣な攻撃をしたり、メディアをコントロールしたり、自身にまつわる数多くの大げさな発言をしたりしました。脱税で有罪になっただけでなく、数多くの罪に問われていることからも、彼がソシオパスの特性を持っていたことがうかがえます。これらの特徴はいずれもアメリカのドナルド・トランプの特徴とも似ているように見受けられますが、彼のもたらす結果も同じようになるかはそのときになってみないとわかりません。

まとめ

これらの国々の指導者は見たところ全員、いかさま王のようで、架空の危機を使って権力を握り、それぞれの国に固有の脆弱な集団を悪者にし、ヒーロー像——テレビで何時間も話すことができる魅力的な強者——を演じているのですが、実は多くのテレビメディアは彼らが所有していたりコントロールしていたりします。

これらの危険な人たちがそれぞれの政府を完全に乗っ取ることに成功して、自国を架空の悪者に対する戦争へと導くかどうかは、そうなってみるまでわかりませんが、彼らがナルシストやソシオパスのようなパーソナリティの持ち主なら、無限の権力を手に入れようとするのを止めることはできないでしょう。その国の有権者が彼らを止められない、あるいは止めようとしなければ、他の国の人々がそうするまでです。

第8章 アメリカ——マッカーシーからニクソン、トランプ、そして次は？

アメリカは、民主主義国家としての歴史の中で何度かいかさま王と戯れたことがありました。彼らは、前世紀には有権者から驚くほどの支持を受けていました。

アメリカ人は長いこと権威主義者に悩まされてきた。カフリンやマッカーシー、ウォレスといった人々が、少数派とはいえかなりの——三〇%、場合によっては四〇%の——国民の支持を得るのも珍しくはなかったのだ。[197]

一九三〇年代に反ユダヤ主義を唱えて絶大な人気を集めたカトリック教会のチャールズ・カフリン司祭は、民主主義に公然と反対し、選挙の価値にも疑問を呈していました。国粋主義的な彼のラジオ番組の聴衆は毎週四〇〇〇万人にも達し、競技場や講堂は彼の話を聞きたい人々で埋め尽くされました。

ヒューイ・ロングは大恐慌時代のルイジアナ州知事で、後に上院議員にも選出されましたが、独裁的な傾向を持つデマゴーグとしても知られ、賄賂や脅迫を用いて議員や裁判官、報道陣を手なずけていました。富の再分配を提唱した彼が主導していた「富の共有運動」のリストには八〇〇万人近い名前が載っていました。

一九六八年と一九七二年に大統領に立候補したアラバマ州知事ジョージ・ウォレスは、学校統合反対を政治要綱として掲げ、アメリカの経済発展から取り残されたと感じていた白人労働者階級に支持を訴えました。彼は民主党内にかなり食い込んだものの、暗殺されかけて立候補を断念しますが、彼が当時持っていた票は、民主党の大統領候補でリチャード・ニクソンに大敗したジョージ・マクガヴァンより一〇〇万票も多かったのです。[198]

この章で取り上げる人物は全員、政治的には右派のように見えますが、左派にも対立を煽りたがる危険な人物はいます。覚えておいてください。大切なのは政策ではなく、パーソナリティなのです。顕著な例としては、一九七〇年代にサンフランシスコのベイエリアで人民寺院の革命的な指導者として活動したジム・ジョーンズ牧師がいます。彼は九〇〇人の信者を連れて南アメリカのガイアナへ行き、社会主義者のユートピアとなるコミュニティをつくろうとしましたが、不幸にも彼は妄想に取りつかれ、またナルシストやソシオパスの傾向もあり、信者をアメリカ史上最大の集団心中へと導いてしまったのです。[199]

ジョセフ・マッカーシー

アメリカでもっとも有名で、また人気もあった権威主義的な政治家はジョセフ・マッカーシーです。彼は一九四七年から一九五七年までウィスコンシン州選出の上院議員でした。

マッカーシーの前半生

マッカーシーはウィスコンシンの農場で育ちました。九人兄弟の一人だった彼は、内気な子供でしたが、「世話焼きな母親のお気に入り」でした。[200] 弁護士となり、政界に入ったのは二〇代のときです。もともとは民主党員でしたが、地方検事になり損ねたため共和党に鞍替えし、州内でもっとも若い裁判官になりました。ただし、彼は選挙運動中に、対立候補の方がはるかに年上だと言いつつ、自分の年齢を偽っていました。政界で嘘をつく彼のパターンは二〇代のうちにすでに確立していたのです。また、裁判官としても少なくとも一度は怪しい訴訟に関与しました。それでも最終的にはウィスコンシン州の上院議員に選出されます。

対立を煽るパーソナリティ

マッカーシーは、最初は物静かで目立たない上院議員でした。ところが彼の第二次世界大戦中の軍歴については怪しいところがあり、多少の脱税にも関与していたようで、「自身の問題に目を向けさせないため」の争点が必要だと考えて、一九五〇年には共産主義に目を付け、共産化を恐れるアメリカ人の不安につけ込むことにしたのです。第二次世界大戦後、ロシアや中国が共産主義国となったため、アメリカ人は共産主義の拡大を懸念していました。一九五〇年には北朝鮮が韓国に侵攻し、結果的にはアメリカの支援で撃退されます。当時は冷戦真っ盛りでした。マッカーシーが「非難の標的を定める」という対立を煽るパーソナリティの特徴を持っていたのは間違いありません。また、自身の利益のためにはいくらでも嘘をつき、進んで人々の名声を貶めていたので、ソシオパスのパーソナリティも備わっていた可能性もあります。

架空の危機

当時アメリカ国内で共産主義のことを心配する声が多少はあったとはいえ、妄想症的な反共産主義が爆発的に広がるきっかけとなったのは、マッカーシーが自身の影響力を高めるためにその脅威を大げさに言い立てたからでした。マッカーシーは、特に連邦政府やハリウッドでは何百人もの――誰一人としてアメリカに忠誠心を持たない――共産党員が密かに働いていると何の証拠もなしに主張しました。

架空の悪者

マッカーシーは、耳を傾けてくれる人には誰にでも、このようなスパイは根絶やしにする必要があるが、その件で十分な仕事をしている人はいないと主張して、不忠容疑をでっち上げました。彼は共産主義の断罪人を自称してこの問題の担当者になると、無数の人々を告発します。何千人もの一般市民を召喚して尋問し、政府職員にはアメリカへの献身を証明するよう過剰に要求したのです。

マッカーシーのせいで、特に政府や映画業界では何千人もの人々が職を失いました。多くの人々が業界のブラックリストに載り、何年、何十年もの間、出入りを禁じられたのです。マッカーシーはメディアを知り尽くしており、テレビという新しいメディアを利用してアメリカの多くの家庭で自分の姿が見られるようにしました。上院公聴会をテレビ中継して全国民の目を釘付けにしたのです。公聴会では共産主義とのつながりや、共産党員と思われる筋との関係を攻撃材料として人々を尋問しました。

架空のヒーロー

マッカーシーはやがて連邦議会でもっとも目立つ、影響力のある人物となりました。選挙で選ばれた高官の多くが、彼に濡れ衣を着せられることを恐れたのです。マッカーシーは、一九五〇年には二〇〇人以上の「共産党員と判明している」国務省職員の一覧を持っていると主張しましたが、もちろんそのような一覧はありませんでした。それでもその主張によって全国的なヒステリーに火が付いたのですが、マッカーシーは一人も職員の名前を出そうとせず、共産党員が国務省で働いているという明確で合理的な証拠を出すこともできなかったのです。[201]

マッカーシーの支持者の中でもひときわ目立っていた一人がリチャード・ニクソンでした。ドワイト・アイゼンハワーの大統領一期目に副大統領をしていた頃のニクソンは、マッカーシー上院議員の荒っぽい魔女狩りを承認していたのです。ニクソンが立場を変えたのは、マッカーシーがアイゼンハワーを中傷して共和党の重荷になってからのことでした。[202] マッカーシーは何百万人ものアメリカ人を怯えさせ、とてつもない権力を集めて世間に自分の名前を知らしめました。それでもその反共産主義運動の最中に実際の共産党員を一人も名指しすることはできなかったのです。

対立を煽るメディア

ラジオを利用して家庭にいる一般人にアプローチした初めての政治家はヒトラーでしたが、同じことをテレビを利用して行った政治家はマッカーシーが初めてでした。彼は四年にわたってテレビのニュースを席巻しますが、その権力は一九五四年にアメリカ陸軍が共産主義者を優遇していると告発したことで崩壊しました。彼はやりすぎたのです。[203]

陸軍を取り調べた公聴会がテレビ中継されると、そのいじめのような戦術や信憑性のなさがばれて彼は瞬く間に支持を失い、やがては自身の所属政党にも見放されました。一九五四年には上院がマッカーシーの攻撃的な戦術を問題として譴責を決議したのです。この決議によって「彼のキャリアは実質的に終わり」ました[204]。それでも彼は一九五七年にアルコール依存症が原因と見られる死を遂げるまで大衆に支持されていました。

マッカーシーの政治力が頂点にあった頃は、アメリカ人の半数近くが世論調査で彼を認めていた。上院が一九五四年に問責決議を行った後でさえ、世論調査では四〇％もの支持を得ていたのだ[205]。

彼の感情的なメッセージの繰り返しは、実質的には隔離された状況で行われていました。一九五〇年代のテレビはまだ新しいメディアであり、そこから伝えられる内容には権威がありました。上院議員だったマッカーシーが高い評価を受けるべきであることは自明とされ、テレビ局も――特に共産主義というホットな話題については――彼を批判しようとはしませんでした。

そのため、彼は架空の悪者に徹底的に焦点を当てることで、とてつもない支持を得ることができました。これは徹頭徹尾対立を煽るドラマだったのです。アメリカは四年間にわたってこのドラマのとりことなり、多くの人々がキャリアを失いました。しかし、最終的には人々は彼のような人間の危険性に気づきました。彼の行った一連の反共運動は「マッカーシズム（赤狩り）」と呼ばれています。彼の攻撃性や、他者への共感の欠如、公の場で無意味に人に恥をかかせることへの無頓着さは、いかさま王に典型的な性質です。つまり彼は、対立を煽るのに使える最新のメディア（テレビ）を用いて架空の危機の三段論法を使い、人々を説得しようとしたのです。

リチャード・ニクソン

リチャード・ニクソンは一九六九年からアメリカ大統領を務め、二期目の一九七四年に辞任しました。一九七二年の選挙中に民主党本部へ侵入するなどしたウォーターゲート事件に関与したことで弾劾されそうになったためでした。

ニクソンの前半生

リチャード・ニクソンの複雑なパーソナリティについてはすでに多くのことが書かれています。彼は中世イングランドのリチャード獅子心王にあやかって名付けられました。残りの四人の兄弟のうち三人の名前もイギリスの王にあやかったものでした（リチャードは次男）。幼い頃は母親が自分の病気や他の子供たちの看病があったため、彼はしばしば親戚のところに預けられ、よく泣いていたようです。また、彼は自立心が強く、もの静かで、早熟でした。

彼はものを覚えるのが早く、記憶力にも優れていました。就学前には本を読めるようになり、一年生のときには独力で三〇冊以上の本を読んでいます。外で遊ぶよりも読書の方が好きな子供で、両親もその特別な知性を応援していましたが、父親はときどき癇癪を起こして暴力を振るうこともありました。[206]

対立を煽るパーソナリティ

ニクソンがナルシストのパーソナリティを育むことになったのは、幼少期の愛情の欠如と、知性の高さと関係があると指摘する人もいます。

> 今度はニクソンに見られる自己愛性パーソナリティの徴候を見ていこう。彼がいかに「一番」になる権利を持つことを自分にも他人にも証明しようと繰り返し試みてきたか、またいかに自身の依存や激情、嫉妬を否定してきたかを例示していこう。彼は、自身を取り巻く現実や内心の動揺によって自分の偉大さが脅かされることを恥ずかしく思い、激怒したり、嫉妬したり、病気になったり、誇大妄想的になったりする。そして自分の偉大さを再確認するために「愛情のない」他人や危険なものにいそいそと反撃するのだ。[207]

ニクソンのパーソナリティのどこまでが生来のもので、どこまでが幼少期によるものなのかはよくわかりません。王に由来する名前や育てられ方のせいで、物事を仕切ったり他人を支配したがったりしたわけでもないでしょう。ただ、彼は、自身の非常に攻撃的なパーソナリティのせいで引きずり下ろされたとはいえ、すばらしい政治家になれる資質は備えていたように思います。

ニクソンが絶えず嘘をついていたのも、自己防衛的なパーソナリティの重要な特徴でした。歴史学者のフォーン・ブローディは心理学的な情報に基づいたニクソンの伝記の中で次のように説明しています。

ニクソンは重要なことでもささいなことでも嘘をついた。彼女は「ニクソンが嘘をつくのは愛情を得るためだったり、自分の誇大妄想を蓄積するためだったり、絶えずゆらぐアイデンティティを守るためだ。攻撃するときには勝つことを期待して嘘をついた……。彼は常に嘘をついていた。自分が嘘をついたことを否定するときには特に攻撃的だ……。結局、彼は嘘をつくのを楽しんでいた」と述べ、ニクソンが嘘をついていたという大小さまざまな例を挙げた。彼は大学の専攻のことで嘘をつき、妻の下の名前や誕生日のことで嘘をつき、一九五二年の大統領選挙戦で自身が利用した秘密の裏金のことで嘘をつき、ウォーターゲート事件の隠蔽工作についても嘘をついた。[208]

架空の危機

ニクソンが大統領に立候補したのは、カリフォルニア州選出の下院議員、上院議員を歴任したあとの一九六八年のことでした。当時、アメリカ人は公民権とベトナム戦争という二つの大きな争点に深い関心を寄せ、また、この争点をめぐって深く分断されていました。一九六〇年代のアメリカは、抗議活動やデモ行進、暴動によってばらばらになりかけていたのです。一九六四年から一九六五年にかけて主要な公民権法が成立しても、南部の多くの州や地方の行政府は法の施行を拒否していました。

一方、アメリカは多くの人々には理解できない理由でベトナムでの戦争を続け、一九六八年の時点ですでに三万人以上の戦死者を出していました。ベトナム人にとってこの戦いは内戦でしたが、アメリカの多くの政治家は共産主義に対する戦いだと自国民に信じ込ませていました。

法と秩序を重視する大統領候補として、ニクソンは混沌を制し、いまこの国で起きていることを変えてみせると請け合いました。彼が選挙の年に先駆けて書いたエッセーにはこんなタイトルがつけられていました。「衆愚政治がアメリカに根づいたら——リチャード・ニクソンからの警告」[209]。

架空の悪者

ニクソンが持ち出した「法と秩序」というキャッチフレーズは、それだけでさまざまな悪者に対応できる巧妙なものでした。その人が何を恐れているかによって、「混沌」は抗議をする人々（特に学生）になったり、公民権運動の活動家やその弁護人になったり、非白人一般になったり、共産党員になったりしたのです（ニクソンが以前はマッカーシーを支持していたことを思い出してください）。

架空のヒーロー

ニクソンは公民権に反対する立場をほのめかすことで、一九六四年の公民権法や一九六五年の投票権法で人種的平等に「譲歩」した前大統領（リンドン・ジョンソン）に裏切られたと感じていた多くの南部票を獲得しました。また、一九六〇年代には各地の都市部で暴動が起きており、ベトナム戦争に抗議する人も増えている中、一九六八年に反戦を唱える共和党候補者として立候補することで、民主党の争点を奪いました。彼が出した広告には戦争の映像とともに「戦争を終わらせ、戦争の原因となった古い指導者たちの間違いを正すことを約束するニクソンの落ち着いた声」が流れました。[210] もちろんニクソンはベトナム戦争を終結させませんでした。それどころか、密かに戦争をカンボジアへと拡大させたのです。[211]

それでもニクソンは一九六八年に大統領の職を勝ち取り、一九七二年にも再選されます。大統領になると、ニクソンは偏執的で粗野な側面をあらわすようになります。自分が敵とみなした相手には違法に盗聴器を仕掛けて監視し、犯罪集団を雇ってワシントンのウォーターゲート・ビルにある民主党本部に不法侵入させたのです。

一九七三年に連邦捜査官が捜査を始めると、ニクソンは自分の言うことをきかない特別検察官アーチボルド・コックスを解任しました。しかし、その九カ月後、アメリカ下院はニクソンに対する弾劾条項を提出し、ニクソンはその後二週間足らずで辞任しました。

感情を煽るメディア

ニクソンは大統領に立候補する前からニュースメディアとは敵対的な関係にありました。彼は一九六〇年に大統領に立候補してジョン・F・ケネディに負けたことでメディアを恨んでいたのです。ところが、まだ大統領への再挑戦を目指す選挙運動が始まっていなかった一九六八年一月に、彼は七〇〇万人の主婦が見ていた「マイク・ダグラス・ショー」というテレビのバラエティ番組に出演して、ロジャー・エイルズに出会います。エイルズはこの番組のプロデューサーをしていたのですが、ニクソンはすぐにエイルズを雇って、もっと温かみのある人間として画面に映る方法を教わりました。もっとも、ニクソンにはそれでも足りず、メディアとの戦いは続きました。

ニクソンは前任のリンドン・ジョンソンと同様にテレビやラジオのネットワークがプライムタイムに自分の演説を無料で届けてくれることの政治的価値を理解していた。大統領演説の増加に直面したネットワーク各社は、このホワイトハウスという強力なひな壇とのバランスを取ろうとして、大統領演説の後にコメントをつけ始めた。演説は届けるが、ニクソンにとってはまったく面白くないことに、その後に分析や批判を加えたのだ。

ニクソンはこれに我慢ができなかった。二週間足らずでスピロ・アグニュー副大統領をデモインに送り込み、共和党の聴衆の前でネットワークを散々にこき下ろさせたのだ。ネットワーク各社は律儀にもこの演説を生放送した。ホワイトハウスからそうするのが身のためだと言われていたからである。[212]

ニクソンはさらに連邦通信委員会や内国歳入庁、司法省を利用してネットワークを攻撃する方法を模索し、ある程度の譲歩を獲得することに成功しました。たとえば、CBSは大統領や副大統領の演説の直後に入れていた分析をやめることに同意しています。[213]
ニクソンはメディアを利用して、法と秩序について感情的に繰り返すメッセージを広めました。ただし、彼は自分（と副大統領）の演説に対するメディアの反応を封じ、自分のメッセージだけを広めようともしました。

ドナルド・トランプ

本書を執筆している（二〇一九年一月の）時点では、アメリカの大統領はドナルド・J・トランプです。二〇一六年の選挙でロシア政府と共謀した可能性があるほか、その他の財政問題でも不正をした可能性があるとしてさまざまな捜査が行われているので、いつまでその座に留まれるかはわかりませんが、彼の政治的基盤は揺らいでいません。上院では共和党が多数派を占め、最高裁も、彼自身が指名した二人を含めて保守派が多数派を占めています。また、彼はすでに二〇二〇年の再選を目指して出馬を表明しています。

捜査の結果がどうあれ、彼が前回の大統領選に当選したことでアメリカ国内では白熱した議論が巻き起こりました。彼はアメリカのためになるのか、それともアメリカを危険にさらすのか。病的な嘘つきなのか、それとも正直なだけなのか。彼が大統領の職に就いたことで民主主義は損なわれるのか、強化されるのか。

トランプの前半生

ドナルド・トランプはニューヨーク市の裕福な不動産一家に生まれました。彼は幼少期から気が強くて扱いづらかったようで、人々を屈服させたがるいじめっ子として知られていました。嘘の発言を何度も繰り返し、他の人々に正しいと信じさせていました。

小学校時代のドニーが級友たちを感心させたのは、その運動神経と、悪ふざけ、そして人気者のプロレスラーの名前を間違える程度のささいなことすら認めないことだった。……

トランプはかつて伝記作家に次のように語っていた。「一年生のときの自分も、いまの自分も、基本的なところは同じだ。性分はそれほど変わっていない[214]」。

トランプは、人生には勝者と敗者があり、トランプ家の者は勝者にならねばならないことを父親に教わった。父親は、まるでナルシストの特性を育むしつけをするかのように、「殺す側の人間になれ」と息子たちに言っていたのだ[215]。

対立を煽るパーソナリティ

トランプは数多くの非難の標的を持っているようです。何にでも白黒をつけ、しばしばむき出しの感情や極端な言動を見せ、脅しもかけます。

トランプは若くしてマンハッタンの不動産開発業者になりますが、きわめて口うるさく、従業員にも矛盾した態度を取りました。自分が決定したことでも従業員を非難していたのです。

「誰がここの天井をこんなに低くしろと言ったんだ」

「あなただってご存じのはずですよ、ドナルド」ハイドは答えた。「話し合ったじゃないですか。覚えていらっしゃるかはわかりませんが。計画では――」。

ドナルドはいきなり跳び上がると拳でタイルを打ち抜いた。そして憤然とハイドに食ってかかった……。難詰は長く続いた。トランプは「二〇人もの同僚や専門家の前で「ハイドに」恥をかかせた」のだ。[216]

彼が大統領になって最初の二年間、民主・共和両党の人々が彼のナルシスト的な性格について議論するのをよく耳にしました。ソシオパスの特性についてはあまり語られていませんでしたが、これも彼のもとで働いていた子分たちが逮捕され有罪判決を受けてからは議論にのぼるようになりました。彼がパーソナリティ障害の持ち主であるか否かは、私は精神衛生の専門家ではないので断言はできませんが、いずれ私たち自身が自分で判断せざるをえなくなることでしょう。

架空の危機

トランプが権力を握るために架空の危機の三段論法を利用した例はあまりにも多いので、ここではメキシコ移民だけに焦点を当てることにします。他のいくつかの例についても簡単に触れるつもりですが、この移民問題の扱いを見れば、彼が他のすべての問題をどう宣伝し、どう扱ってきたかがよくわかります。

彼は長年民主党と共和党双方の候補者に献金し続けてきましたが、二〇一〇年にコンサルタントと話をして（当時は八〇％を民主党に献金していました）、あえて保守派の共和党員として大統領に立候補することにしました。[217]

二〇一一年には、おそらくは選挙戦の小手調べとして、バラク・オバマ大統領はアフリカ生まれであり、大統領になることは許されないという共和党の一部の極端な見方をあちこちで訴え、これが共和党多数派の共感を呼びました。二〇一六年にはトランプもオバマはアメリカ（ハワイ）生まれだと認めますが、このオバマに関する架空の危機の繰り返しがあまりにも成功したため、一年たっても共和党員の五一％はまだオバマがアフリカ生まれだと信じていました。[218]

トランプが次に焦点を当てたのがメキシコ移民です。

大統領選に向けた下準備として、トランプは側近に指示して保守派のトークラジオを何千時間も聞かせた。側近はトランプに「共和党支持者たちはいくつかの問題について大論争している」と報告したのだが、その一つが移民問題だった。[219]

この危機について、トランプはメキシコ人がアメリカの南の国境を違法に越境しているため、失業中のアメリカ市民が就業できそうな場所が減り、市民が酷い危険にさらされていると主張しました。しかし、アメリカへと北上してくるメキシコ人の数が二〇〇九年以降ではもっとも少なくなっていることには触れませんでした。

アメリカに来るメキシコ人よりもアメリカを去るメキシコ人の方が多いのだ。ピュー研究所によると、二〇〇九年から二〇一四年にかけての流出人口は正味一四万人だった。トランプが壁を築いたら、メキシコからの移民を締め出す以上にメキシコ移民を閉じ込めることになるだろう……。

一九九四年から二〇〇四年にかけて一〇三の都市を調べた研究によると、移民の集中が進むほど凶悪犯罪率は減っていた。数々の研究が示してきたように、一九九〇年代に犯罪率が下落したのはもっぱら移民が急増した結果なのだ。[220]

架空の悪者

このような事実があるにもかかわらず、トランプはあえてメキシコ移民を架空の悪者に仕立て上げました。彼は大統領選に出馬することを表明したまさにその最初の演説でこのように述べたのです。

メキシコは、国民を送り込むときに最良の人々を送り込んできているわけではない。あなたがたのような人が送り込まれてくるわけではないのだ。送り込まれてくるのは多くの問題を抱えている人々だ。しかも、彼らはその問題を私たちのところに持ってくる。彼らは麻薬を持ち込んでくる。犯罪を持ち込んでくる。彼らは強姦魔だ。なかにはいい人々もいるかも

――しれないが。[222]

架空のヒーロー

同じ演説で彼は、自分は信じられないほどすばらしいヒーローとなって、アメリカを救い、ふたたび偉大な国にしてみせると言いました。

――私は史上最大の雇用を創出する大統領になる。本当だとも。中国から、メキシコから、日本から、多くの場所から、われわれの仕事を取り戻してやる。われわれの仕事を取り戻し、われわれの金を取り戻してやる。[222]

もちろん彼が共和党候補の指名受諾演説で「それを直せるのは私だけだ」と言ったのも有名な話です。[223] まさに架空のヒーローです。

「メキシコ人は強姦魔だ」と発言した出馬表明演説を振り返ってみると、大統領就任後の数々の演説とよく似ていることに気がつきます。彼は、感情的な繰り返しを見事に使いこなし、独自の言い回しを定期的に繰り返すことにも長けています。

では、メキシコ人の流入という架空の危機に対する彼の解決策はどうでしょうか。

私なら大きな壁をつくる。私ほど壁をつくるのがうまい人間はいない。本当だとも。しかも、すごく安く造ってみせる。南の国境に大きな、大きな壁をつくって、メキシコにその費用を払わせてやる。224

もちろんこれも架空の話でしたし、メキシコがその費用を払うなどありえないことでした。大統領就任からほぼ二年後の二〇一九年一月になっても、共和党が圧倒的多数を占めている議会はまだ彼が大きな壁をつくるための資金を提供するのを拒んでいます。そのような壁ができることはメキシコにとっては耐え難いことであり、その費用を払わされるなどもってのほかでしょう。まったく現実味のない話です。

この発言は、他者を支配したり屈辱を与えたりするのを好み、他者への共感や良心の呵責はなく、妄想症やサディズムの気があるパーソナリティを示唆するものです。これらは悪性のナルシストの特徴ですが、私たちはトランプの最初の演説からそれが見抜けたでしょうか。彼は確かに最初から非難の標的を持っていました。極端ないかさま王の特徴を知っている人の目には大統領選挙戦の初日から彼がいかなる人物であるかすでに見えていたのです。

さらなる架空の危機

トランプは他にも多くの架空の危機を訴えました。たとえば、彼は前任のバラク・オバマ大統領が推進したオバマケア（医療保険制度改革）と呼ばれる医療保険の拡充策を撤回させようとして多大な精力を注ぎますが、その過程で奇妙なことが起こりました。選挙後の世論調査によって、大多数のアメリカ人が実は医療保険制度改革を支持し、撤回を望んでいないことがわかったのです。[225]

共和党が多数派を占める連邦議会も、この点ではトランプにまったく同調しませんでした。医療保険制度改革を葬り去ろうというトランプの試みは、大統領就任から六カ月後の二〇一七年七月に上院が撤回案を否決したことで失敗に終わりました。

選挙期間中に遊説していた頃は一日もあればできると自信たっぷりに繰り返し断言していた医療保険制度改革の撤回や差し替えは、大統領になってからもまるで実現しそうにない。今週、上院で医療保険法案が否決されたことからも、トランプがまだ議会の舵取りの仕方を学んでいないことがわかる。そして有権者に自分は有能なディールメーカーであり、戦士であり、勝者なのだということを必死に証明しようとしている。[226]

トランプはまた、気候変動に関する科学的な報告は、ビジネスを敵対視しているリベラルの陰謀だから自分は信じないと主張しました。彼は政権の座に就くとすぐに、多くの国が苦労して折衝してきたパリ協定にアメリカは参加しないと表明したのです。[227]

トランプは、貿易戦争に「勝つのは簡単」だとして、中国だけでなくカナダやヨーロッパの同盟国も攻撃しました。アメリカは中国との貿易問題を何とかする必要があるという意見に同意する政治家や経済学者はいますが、広い範囲に及ぶ貿易戦争を積極的に仕掛けるのはトランプ独自の案でした――これも彼が何にでも白黒つけずにはいられない考え方をしている証拠といえます。彼はそのせいで自身が任命した国家経済会議委員長ゲイリー・コーンを失うことになりました。[228]

カナダとの貿易は酷い赤字になっているとトランプは指摘しましたが、彼が言及していたのは商品貿易のことだけで、貿易外収支を考慮に入れれば、実はアメリカの黒字になっていました。それでもトランプはメキシコやカナダに北米自由貿易協定（NAFTA）の再交渉を強要しました。行われたのは細かな変更だけでしたが（大半の政治家や経済学者が胸をなで下ろしました）、トランプは大勝利だったと主張しました。[229]

もっとも、その主張に驚いた人はほとんどいませんでした。アメリカ人の大半が彼の大げさな主張にすっかり慣れてきていたからです。二〇一八年一一月の議員選挙で民主党が下院を取り戻してからは、トランプの支持基盤である労働者階級の白人男性も盤石でなくなっているように見えます。「驚くようなことではありませんが、いまや労働者階級の白人男性の半数以上がトランプ氏は腐敗して『私的金融取引』をしていると信じています[230]」。現実が見えるようになってきたのです。

二〇一六年のアメリカ大統領選挙

二〇一六年の大統領選で、ドナルド・トランプは、メキシコ移民、ムスリム、ジャーナリスト、中国など、多くの架空の危機を煽って選挙運動を繰り広げました。［図5］は、彼の架空の危機の三段論法がどのように有権者を感情的に四分割し、二〇一六年の選挙で彼を勝たせることになったかをまとめたものです。彼の得票率は、対立候補だったヒラリー・クリントンよりもわずかに少なかったものの、人口の多い州よりも人口の少ない州の方が有利になる選挙人団の獲得数で勝ったのでした。

トランプが獲得したのは約六三〇〇万票で、総投票権数の二八%、ヒラリー・クリントンが獲得したのは約六六〇〇万票で、総投票権数の二九%、第三党の獲得票数は約八〇〇万票で、総投票権数の四%でした。[231]残りの三九%は投票権を持っているものの投票しなかった人です。[232]

ここで紹介する有権者情報のほとんどは、二〇一八年後半に三人の政治学者が出版した*Identity Crisis: The 2016 Presidential Campaign and the Battle for the Meaning of America*の詳細な分析から取ったものです。有権者の四分割に関する分析は私自身が行ったものです。

支持派

トランプの支持者には、さまざまな非難の標的に対して、彼と同じように否定的な見方をしてい

［図5］2016年のアメリカ大統領選挙——有権者の4分割

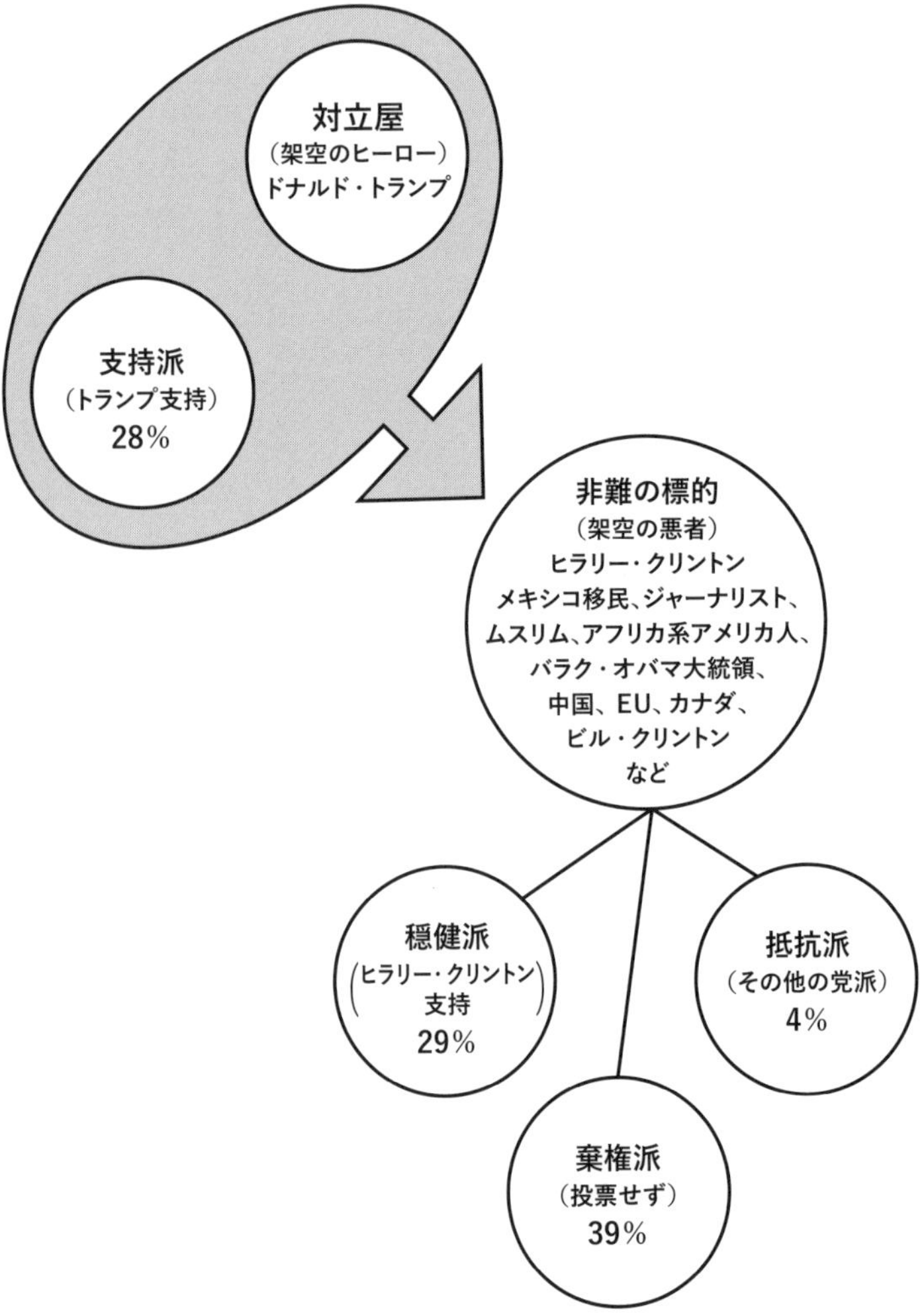

た共和党員が含まれていました。たとえば、世論調査によると、「共和党予備選の有権者の六八%が、メキシコ移民は麻薬や犯罪をアメリカに持ち込む強姦魔だというトランプの発言は『基本的に正しい』と信じて」いました。[233] もっとも、共和党員のおよそ三分の一はそのような発言には同意せず、予備選では彼に投票しませんでしたが、「予備選の有権者でトランプを支持しなかった共和党員の約一〇人に七人（六九%）は本選で彼に投票」しました。共和党の候補者に対して忠誠を保ったのです。

穏健派

穏健派は、感情的に穏やかな有権者の集まりです。共和党の穏健派、民主党の穏健派の多くが含まれ、無党派のほとんどがそうです。

穏健派は、通常最大の有権者集団であり、ほとんどの選挙で趨勢を決めますが、一般的に党を精力的に支えることはしません。「エスタブリッシュメント」にも多くの点で満足していて、強烈な政治的対立はあまり好みません。二〇一六年の選挙では選択肢が四つに分かれました。なかには四分割された集団のそれぞれを渡り歩いた人もいました。

私の分析では、基本的には二大政党の戦いとなった二〇一六年の選挙で穏健派の候補者となったのはヒラリー・クリントンでした。この国の多数派は彼女に投票し、トランプに三〇〇万票近い差をつけました。彼らは穏健派の姿勢を維持しました。

両成敗派

Identity Crisis を書いた研究者たちは、クリントンにもトランプにも同じように好意的でない見解を持っていた有権者を「両成敗派」と呼びました。そのような派閥が生まれたのは、トランプが人々を感情面で強烈に分割、分断したからだと私は見ています。また、トランプは公式に声明を出したりツイッターでつぶやいたりするたびにクリントンを含む非難の標的を攻撃していました。

このような感情面での分割が行われると、非難している側、されている側の両者に等しく嫌気が差すようになります。たとえ日頃からきわめて酷い言動をしているのは一方（対立屋）だけで、もう一方（非難の標的）はそれなりにまっとうな行動をしている、あるいは自衛しているだけだったとしてもです。非常に態度の悪い対立屋が非のない人を激しく罵るのを繰り返し聞かされると、結果としてどちらも等しく非常に悪い人物だとみなされてしまうのです。私は対立を煽る人物の離婚や、職場の対立、また法的な争いの場で何度もそのような例を見てきました。両成敗派は対立屋と非難の標的の「双方」に背を向けるのです。

トランプは、国務長官時代のクリントンが私的なメールサーバを利用していた件（政府の秘密を漏洩させる危険性があったので違法になる可能性もありましたが、そのような漏洩はなく、無罪放免となっています）を一貫して攻撃し続けることで、彼女が不正なスキャンダルに関与していたかのように人々を誘導しました。結局これは架空の危機だったことが判明しますが、皮肉にもクリントンはトランプのスキャンダルを効果的に攻撃できませんでした。問題となる言動があまりにも多すぎて、トランプがしたように一つにうまく焦点を合わせることができなかったのです。

一〇月前半のユーガヴの投票では、回答者の約八〇%がクリントンのメール事件の話を「何度も聞いた」と答えた——これはクリントンやトランプにまつわるどの話よりも多い数字だ（たとえば、トランプがアリシア・マチャドを「子豚ちゃん〈ミス・ピギー〉」と呼んだ件について、何度も聞いたと答えたのは五一%のみである）。……一方、トランプに関する認識で優勢となった考えやテーマは一つもなかった。[234]

この選挙で両成敗派となった有権者は共和党の方が多く、民主党の三五%に対して四五%でした。「両方の候補者に好意的でない見方をしていた有権者の間では、トランプの方がよくやっていた。彼らは嫌々ながらそれぞれの候補者に投票した」[235]。両成敗派になった穏健派の共和党員は、支持派とともにトランプに投票しました。両成敗派となった穏健派の民主党員の大半はそのままクリントンに投票しました。ただし、どちらにも投票せず、抵抗派とともに二大政党以外の候補者に投票した人もおり、棄権派とともに投票しなかった人もいました。

無党派の有権者

有権者の中で無党派が占める割合はだんだん大きくなってきています。無党派は一般的には穏健派ですが、その七五%はどちらかの党寄りで、残りの二五%は棄権してどこにも投票しない可能性が高くなります[236]。結果的には自分の支持する党に投票するのに、なぜ彼らは無党派と答えるのでしょうか。世論調査やインタビューによると、彼らは基本的に「政党が嫌い」で、「共和党と民主党双方の争いにうんざりして」おり、「……バランスを取ったり妥協したりする必要があると思っているから……無党派」なのです[237]。

彼らは本質的に争いを嫌う、感情的に穏やかな穏健派のカテゴリーに入っていると見られています。二〇一六年の場合、共和党寄りの無党派の六八%がトランプに投票し、民主党寄りの無党派の六五%がクリントンに投票しました。もっとも、世論調査会社は「彼らは派閥政治の特徴である怒りや辛辣な言葉のせいで政党離れを起こしている……。二〇一六年の選挙では、政治的な不満と、無党派を名乗ることに関係がある証拠を山ほど目にした」と指摘しています[238]。

抵抗派

抵抗派は、対立を煽る政治家に憤ってその敵になる場合もあれば、左派になることも右派になることも、時には両方になることもありますが、対立屋の選出を許す一助となる穏健派を攻撃することもよくあります。ヒトラーの場合、抵抗派は共産党でした。彼らは社会民主党（穏健派のエスタブリッシュメント）としばしば戦い、同党を弱体化させ、結果的に権力を失わせる一因となりました。スターリンがソ連で集団農場化を進める過程で抵抗派となったのは、穀物や設備を隠し、もっぱら裏で取引をしていた資本主義者の小規模農家でした。プーチンのロシアでは、彼の政策に反対して街頭デモをする人々などでした。対立屋はみな極端な立場や極端な感情のせいで抵抗を生むのです。二〇一六年の選挙では、民主党の予備選でヒラリー・クリントンの対抗馬となったバーニー・サンダースが、民主党のエスタブリッシュメントと戦う抵抗派の代表でしたが、サンダースは、自分は相変わらず無党派であると主張しました。「サンダースは選挙運動中ずっと自分が無党派であることを宣伝し、政治的エスタブリッシュメントに挑戦すると誓い、民主党全国委員会を激しく非難して」いたのです。[239]

クリントンは、サンダースがいくつかの論点（無料の高等教育、国民皆保険制度、銀行大手に対する攻撃）に焦点を絞り、彼の考えがあまりに単純であると批判し、自分は考えうるほぼすべての論点について政策の方針や知識があると主張しました。

一方、サンダースのクリントン批判や民主党批判は、彼の支持者の多くを感情的に引きつけました。サンダースは、感情的なやり方でクリントンを非難の標的としたのです。このやり方はトランプがクリントンを攻撃するやり方を真似たものだったのですが、それでもサンダースとクリントンは、選挙戦のほとんどの期間中、友好的な関係を保っていました。

ところが、予備選後半になって、民主党のオフィスから不正入手したメールが公表され、裏で情報操作が行われていたことが明らかになると、エスタブリッシュメントに対する抵抗派の怒りが膨れ上がります。予備選の選挙運動が激しくなるにつれて、サンダース支持者のかつては総じて好意的だったクリントンに対する見方は著しく悪化しました。

本選でサンダースはクリントン支持に回りましたが、サンダース支持者のうちクリントンに投票したのは七九%だけで、一二%はトランプに投票したと見られます。残りは抵抗を続けて小さな第三党に投票したか、棄権して投票しませんでした。[240]

サンダースの方が支持者との感情的な関係が強く、その焦点となっていたメッセージも「エスタブリッシュメントに立ち向かう私たち」という単純なものでした。クリントンではなく彼が民主党の候補者だったら実は本選に勝てていたのではないかと思う人もいるかもしれません。支持者との感情的な絆の重要性はサンダースが実証していたように見えます。ただし、サンダースにはトランプが見せていたような非難の標的に対する感情的な敵意はありませんでした。

棄権派

この選挙の有権者で最大の集団となったのは棄権派の三九%でした。棄権派が投票しない理由(ないし言い訳)はさまざまですが、両党、両候補者の間に本当の違いはないとか、本当に忙しいとか、(たとえ自営業であっても)投票日にはどうしても仕事から離れられないといった話はよく耳にしました。

最近生まれた理由の一つに、いくつかの州で新たに制定された「投票抑制」法が挙げられるかもしれません。この法律は、投票の時間と場所を制限し、投票に必要な身分証明書の形式も限定するもので、アフリカ系アメリカ人やネイティブアメリカンなどの少数派を標的としたもののように見えますが、影響は限定的だったようです。

ただし、二〇一六年の選挙ではこの二〇年で初めてアフリカ系アメリカ人の投票が減った。投票法に変化がなかった州でさえもだ。ミレニアル世代やX世代（一八～三五歳）の投票者数は二〇一二年よりも二〇一六年の方が多かったが、それでも投票率は五〇％をわずかに下回った。[241]

架空の危機の三段論法の勇み足

トランプは二〇一八年一一月の中間選挙において、中央アメリカから裸足でやってくる難民団は「わが国への侵入者」であるという見方を積極的に推進しました。根拠もないのにそこにはテロリストと思われる「中東の人々」が含まれていると主張し、軍に国境を守るよう命じたのです。[242]

国防総省の高官が今週末までに五〇〇〇人以上の現役部隊を南の国境に配備すると述べたのは月曜日のことだった……。が、七〇〇〇人いた難民団はすでに三五〇〇人を割り込んでおり、アメリカにたどり着くまでにはまだ何週間もかかる。[243]

選挙の直後にトランプがこの脅威について語るのをやめたことも無視できません。

元南方海軍司令官であるジェームズ・G・スタヴリディス海軍大将は「難民団の侵入という架空の脅威に立ち向かうために南の国境に軍を配備するという政治的な道具としての役割は終わった。大統領が軍を帰休させて――特に年末年始は――家族と過ごせるようにしてくれることを期待しよう」と述べた。[244]

これが架空の危機だったことには多くのアメリカ国民が気づいていたようで、大手メディア各社もあからさまに「架空の難民団の侵入」と報じました。それとともに移民問題についての真実も二〇一八年一一月に暴露されて、一般の目に触れるようになったようです。

投票日には、投票した人のなんと五四%が移民はアメリカの「国力に寄与している」と答えた。全国の一般投票ではトランプ氏の党が七ポイント差で負けたが、移民は力なのかお荷物なのかという議論については、トランプ氏が二〇ポイント差で負けたのだ。トランプ氏は共和党の半数以上に移民はお荷物だと信じさせたが、民主党の四分の三と無党派の大多数は、アメリカは移民によって利益を得ていると結論付けたのだった。[245]

現実が十分に見えてくると、対立屋の架空の危機は力を失います。ただし、彼らが感情を煽るメディアを使ってさらなる架空の危機の三段論法を投入し、現実を覆い隠し続けてしまうこともよくあります。

感情を煽るメディア

大統領選挙運動中のトランプは、民主党か共和党かを問わず、他のどの候補者よりもはるかに感情的な話し方をしていました。そのことが気になったDictionary.comのコンテンツ制作責任者は、大統領候補者たちが二〇一六年に使った単語について次のように述べました。

> 彼女の説明によると、「バーニー・サンダースとヒラリー・クリントンは具体的な単語を用いる傾向があるが、共和党の対立候補たちは――ケーシックは例外かもしれないが――説明的な単語を用いる傾向がある。トランプの演説が彼の支持者にあれほど反響があるのはそれが一因だろう。彼は感情のレベルで話しかけている」[246]

この説明は、本書の理論――対立を煽る政治家は、人々の意識のレーダーをくぐり抜ける言葉を用いて感情的に対立を引き起こす――にも非常によく一致します。これらの架空の危機は、論理的にはまったく筋が通っていないのですが、なるべく多くの人々を悪者に仕立て上げ、それとの比較で有権者に自分をヒーローとみなしてもらいたがるナルシストやソシオパス、対立を煽るパーソナリティには意味があるのです。ただし、このような手口は感情のレベルでしか役に立ちません。

トランプは感情的なメッセージの繰り返しを、人々にあだ名をつけることでも行いました。かつてニュート・ギングリッチが共和党の議員候補に教えていたように（第4章参照）、トランプも政敵の一人ひとりにあだ名をつけて面白がっていました。

公言はしませんでしたが（気がついていたのかどうかもわかりませんが）、対立候補に感情的なレッテルを貼っていたのです。私たちの脳はそのようなレッテルの受け入れに抵抗できないようになっています。意識的な処理をしなくても受け入れてしまうのです。このようなきわめて単純かつ感情的なやり方は、広告業界が何十年も前に学んだものですが、ほとんどの政治家はそのような手口を使うことをよしとしていません。

これらの感情的な手法は、それぞれの投票集団に特有の感情的な対応の引き金にもなりました。たとえば、支持派なら喜びを、抵抗派なら怒りを、穏健派なら恐怖や苛立ちを、棄権派なら無力感や忌避感を覚えたでしょう。そのような対応がさらにこれらの集団の分断を生みました。「彼ら（支持派、抵抗派、穏健派、棄権派）はどうしたらあれほど（馬鹿、過敏、無力、無関心）になれるのだ」

また、トランプ支持者の多くはＦＯＸニュースのようにトランプ好みの情報源からしかニュースを取得しなかったため、この感情的なメッセージの繰り返しを隔離された状況下で聞いていたことになります。トランプが選挙で勝った理由を分析した資料の一つは、新聞を購読せずニュースをテレビから仕入れている人々の方が彼の感情的な嘘のメッセージに引っかかりやすいと明確に結論付けていました。

この研究では、郡レベルでの選挙を実施していないアラスカ以外の州の全国三一〇〇の郡のうち二九〇〇以上の郡で発行されている一〇〇〇以上のおもな報道出版物を扱っている。調査の結果、新聞購読率が低い州と、二〇一六年の選挙におけるトランプの成功との間には明らかに相関関係が見られた。これはヒラリー・クリントンと比較しても二〇一二年のロムニーと比較してもそうなのだ。この相関関係は、大学教育や雇用状況など有権者の選択に影響を与えそうな他の要因を考慮しても統計的に有意だった。地方メディアが衰退したこと自体が選挙結果に一定の役割を果たした可能性を示唆するものだ。実際、独立系のメディアが主張をチェックできた場所では、トランプの成績は全体的に振るわなかったことをポリティコの分析は示唆している。[247]

また、トランプは選挙運動の最初からメディアを直接攻撃し、支持者にもそうするように仕込みました。集会ではメディアを狭い場所に追いやって、記者を指さし、群衆に野次らせました。そうすることで、彼らの記事に疑問を投げかけられるようにしたのです。また、記者がトランプに都合の悪い事実を伝えたときは、すぐに「フェイクニュース」というフレーズを使いました。

これまで見てきたように、他の国々のいかさま王たちはニュースメディアを弱体化させようとしていますが、トランプは絶えずメディアを批判することで大成功を収めました。ソーシャルメディアも成功の重要な鍵でしたが、必ずしも最大の要因ではありません。トランプはツイッターを使うことでフォロワーと直接やりとりできるようになりましたが、そのツイートがケーブルテレビやネットワークテレビで「感情的に繰り返された」ことの方がはるかに重要だったのです。

予備選、そして本選の趨勢を決める中核層となるアメリカの年配の白人の間では――経済学者のリーヴァイ・ボクセル、マシュー・ジェンツコウ、ジェシー・シャピロが昨年書いたとおり――いまでも明らかにテレビがインターネットをはるかに凌ぐ、もっとも重要なニュースソースとなっている。実際、三人の経済学者が記したとおり、「保守系メディアの」ブライトバートの影響や、ロシアの干渉、ダークウェブの広告といった話題があったにもかかわらず、インターネットを使っていないアメリカ人の間では、ミット・ロムニーが出てくるとトランプの支持率は上がる一方だったが、「インターネットを利用している有権者の間では、実は支持を失って」いた。ある意味では、彼の大量のツイートが問題になったのは、おもにテレビに引用され続けたからだといえるのかもしれない。[248]

感情を煽るメディアの力を大局的に見るために、いま言及された三人の選挙研究者たちがたどり着いた結論を見てみましょう。特に私の目を引いたのは次の三つです。

1　二〇一六年の選挙で本当の争点となったのは、経済的な怒りや変化ではありません。経済的には、人々はアフリカ系アメリカ人の大統領を二度選出した過去八年間よりもよい暮らしをしていたのです。全国の得票数でクリントンが多数派となったのはそのような経済状態のおかげでもありました。

2　本当の争点となったのはパーソナリティ――候補者のパーソナリティ――であり、その候補者がアメリカを統一したがっていたのか分断したがっていたのかでした。国は、統一の方向に向かうことも、分断の方向に向かうこともできます。バラク・オバマは人種を争点としなかったので、人々は人種に基づいた投票はしませんでした。ドナルド・トランプは人種を争点としたので、人々の中に残る人種差別の意識が寛容の意識よりも「活性化」され、トランプを助けたのでした。[249]

二〇一六年の選挙が当時われわれにもたらしたものは、有権者の変化ではなく、候補者の変化――候補者がどのような言動を選択するか――だったのだ……。[250]

いかさま王は、他者への共感や良心に欠けるので、どのような言動でもします。トランプはよく「不法移民は、アメリカではわが国の退役軍人の多くよりもよい待遇を受けている」などと発言していました。[251] これは真実ではないのですが、危機――架空の危機――感を生みました。

3　本当に重要だったのは、メディアが感情的なメッセージを繰り返したことでした。「ニュースメディアは『売れる話』――面白い個性、目新しいもの、ドラマ、対立、論争――に価値を置きます。トランプは確かにそのようなものを供給」しました。[252] それゆえにトランプがもっとも報道されたのです。

次は誰？

ジョセフ・マッカーシーは二〇代の頃から政界で嘘をつき続けてきました。彼は確かに非難の標的を持っていましたし、テレビで公然と根拠のない批判を繰り返し、他者への共感や良心の呵責を一切見せませんでした。失脚してからも多くの支持を集め、「マッカーシズム」にその名を残しました。

リチャード・ニクソンも頻繁に嘘をつきました。彼は一九七二年の選挙中にウォーターゲート・

ビルの民主党本部に侵入する計画を推進しました。また、スタッフが彼のために記録した政敵の一覧を持っていました。

ドナルド・トランプは、架空の危機の三段論法を用いて有権者を分断し、勝利を収める典型的な対立屋です。これは今日のメディアがありとあらゆる形で人々の顔や声、感情的なメッセージを強調していることも原因の一つでしょう。このような状況は、自制が利かず、白黒つけることが困難な現実の問題を解決する能力に欠ける対立屋に有利に働くのです。

しかし、いまや選挙の鍵を握るのはあるべき政府の話ではなく「売れる話」のようです。勝つか負けるかしかないヒーローと悪者の世界で勝ったのがトランプだったのです。

さて、トランプの次に続くのは誰でしょうか。極右の誰かでしょうか、それとも極左の誰かでしょうか。ロシアでは、極左のスターリンが（民主主義の時代を挟んで）極右のプーチンに取って代わられました。ハンガリーでは民主主義寄りだったオルバーンが極右になりました。

アメリカでは、対立を煽るパーソナリティが、実際にはそれほど悪くない状況においてもメディアを使って架空の危機を煽り、それが成功するような環境ができあがっています。もちろん、解決すべき問題はいろいろとありますが、いかさま王が無限の権力を際限なく追い求めて生み出す問題の方がはるかに深刻です。

第9章 対立を煽る政治家に対する10のあやまち

これまで見てきた例では、熱狂的な少数派の市民が、いかさま王を支持し、他の人の運命までも狂わせてしまうというあやまちを犯していました（あるいは現在も犯しています）。ほとんどの場合、この少数派は成人人口の三〇～四〇％にすぎません。潜在的な有権者の残り六〇～七〇％はいかさま王にもともと反対していたか、最終的に反対するようになりましたが、彼らもこの先誰もが犯すべきではないあやまちを数多く犯していました。

彼らはたいていいかさま王を信じて従うか、少なくとも三つの集団に分断されるのを許し、それによっていかさま王が権力の座に就き、暴走して止められなくなりました。これまで見てきたとおり、対立屋が選出され、民主制が廃止されて独裁制を押しつけられてしまうと、彼らを止めるには外部の力が必要になります。世界のどこであれ、これ以上そのようなことを起こすわけにはいきません。私たちはあまりにも多くの人々が犯してきた、よくあるあやまちについて知っておく必要があります。

あやまち1 徴候を見逃す

本書で取り上げてきたすべての例で、有権者は手遅れになるか、手遅れになる寸前まで、いかさま王がいかに危険で欺瞞に満ちているかを見逃していました。また、一部の有権者はそれでも変わらずにナルシストやソシオパスの危険な人間を指導者として支持していました。なかには、どこまでも攻撃的な対立屋はやがて自分たちに矛先を向けるのだということに気づかず、その代償を自分たちの命で払うことになった有権者もいました。これらの有権者や指導者が、まだ反対票を投じられるくらい早い段階で対立屋の徴候に気づいていたら、と思うかもしれません。

しかし実際は、ほとんどの人は気がつきませんでした。彼らは個々の言動（重大な侮辱や、他人への暴行、残酷な冗談など）をばらばらに見ていたため、それが未来の言動のパターンを示す徴候だと認識できなかったのです。いかさま王のように尊大で残酷で、他者への共感や良心の呵責に欠けた人に同調すれば、将来はもっと酷い仕打ちを受けるだけです。味方を攻撃することはないだろうと思ってすり寄ると、真逆の結果を見ることになります。

ヒトラー、スターリン、毛沢東は、自分が脅威だとみなしたものを排除するために定期的にもっとも身近な同僚を殺していました。プーチン、オルバーン、トランプなども、同様の目的からか、あるいは単に誰がボスなのかを全員に知らしめるためなのか、定期的にもっとも身近な同僚を首にしています。対立を煽る政治家は常に敵対的で、誰に対しても際限なく攻撃的になるのだと（すでにおわかりのみなさんのように）誰もが知っていたら、側近たちも自分がいずれどうなるのかわかったでしょう。また、執拗に忠誠を要求されてそのとおりにしても何の意味もないのだと気づいたことでしょう。

私はこの本がそのような一般的な気づきや具体的な知識を提供できる一助になることを願っています。こうした危険な人たちがいまよりも少なく、私たちの人生にそれほど影響を与えなかった時代には、こうした分野の知識は必要なかったかもしれません。しかし、いまとなってはこのようなパーソナリティパターンとその徴候を知っておくのは誰にとっても必要なことなのです。

あやまち2　架空の危機を信じ込む

本書の第2部で取り上げた対立を煽る政治家のほとんどは、自分が主張した「危機」がなぜ本物で、緊急の行動が必要なのかを説明することにはほとんど時間をかけず、ただそのような危機があると感情的に訴え、すぐに悪者は誰であるとか、自分が「ヒーロー」であるという話に移っていきました。危機は所与のものとされていたのです。

ドイツでは、ヒトラー支持派の人々は、第一次世界大戦の敗戦も、フランスに支払わなければならない賠償金も、ガタガタになった自国の経済も、ユダヤ人という（人口の一％という）少数の集団のせいで起きた危機であるという話をただ受け入れました。スターリンとソ連政府は、自分たちがロシアやウクライナで引き起こした飢饉を、非協力的な農民や、自分が正しいと思うことを一生懸命やって成功した農民――富農〈クラーク〉――のせいにしました。毛沢東も壊滅的な飢饉を引き起こし、彼自身が生み出した架空の危機から国を守ろうと努力した行政官や専門職の階級を破壊しました。

オルバーンとトランプには移民という「危機」がありますし、プーチンには同性愛者による「危機」というプロパガンダがあります。マドゥロの「危機」は他の人々に交じって議会に選出された反革命家たちでした。

昨今、政治家やメディアが最大級のあやまちを犯しているのがこの架空の危機の扱い方です。彼らは、それが「なぜ」危機なのか、あるいは危機でないのか、そしてそれが解決が必要な問題でずらない可能性があることを大衆には説明しません。そのかわりに、彼らは判で押したように、感情面、つまり人々が危機や悪者、ヒーローについて「どう感じているか」に焦点を当てます。ジャーナリストはしばしば悪者とされている人々、ヒーローとされている人々、そして一般の人々にインタビューをして、どう感じているかをたずねます。

「それについてあなたはどう感じますか。誰それが今日あなたもご存じのあの人について言ったことについてはどうでしょう。この政治家についてのご感想は。今日投票があったとして、まだその人に投票しますか。ありがとうございました」。この種の会話では、有益な情報は一切提供されません。

対立屋にとって重要なのは、世間の注目を集める強い感情や、対立を煽る言動です。事実を徹底的に検証して、この危機とされているものの多くが実は存在していない、あるいは、すでに十分な対応が行われている最中である、解決済みである、もしくは十分な対応や解決が可能であるということを正直に報告することはめったにないのです。

あやまち3 架空の悪者を信じ込む

多くの人々は、悪者扱いされている人は本当に悪者なのだと信じるようになります。一九三〇年代のソ連では、都市部に住んでいる若い革命家たちがウクライナの田舎に住んでいる農民のもとへ行って、自分たちの小さな土地を捨てて集団農場に加わるよう説得しました。彼らは、このような自営農は反革命家であり、都市部の人々が飢えに瀕する原因となっていると聞かされましたが、実際に食糧不足を引き起こしていたのはソ連政府でした。

より最近の例としては、二〇一六年の大統領選挙運動中にドナルド・トランプがヒラリー・クリントンに対するきわめて否定的な見方を喚起した例が挙げられます。トランプは、ヒラリー・クリントンのことをこれまでの大統領候補でもっとも堕落した政治家であると言い、（共和党の全国大会という場においても）彼女の電子メール事件をネタに音頭を取って、自分の支持者たちに「あの女を拘束しろ〈ロック・ハー・アップ〉！」と唱えさせたのでした。このような強い言葉の感情的な繰り返しによって、彼はトランプには絶対に投票しないと決めている人々も含めた多くの人々に、クリントンも同じくらい酷い候補だから絶対に投票しないと徐々に思わせていったのでした。

また、ウラジーミル・プーチンも三期目の大統領を目指した二〇一二年の選挙でアメリカ人（ヒラリー・クリントン、ジョージ・ソロス、マクフォール米国大使）を悪者に仕立てて大成功を収めました。

あやまち4　架空のヒーローを信じ込む

危機の際にはいまも昔も強いリーダーシップを求めたくなるものです。ナルシストやソシオパスはそのことを知っているので、権力の座を目指すときはまず危機があり、自分こそがヒーローにならなければならないと国民を説得するところから始めます。この架空の危機を信じてもらえれば、対立を煽る政治家が選出され、容認される確率が高まるからです。そこで登場するのが、いかさま王が昔から利用してきた「それを正せるのは自分だけだ」というメッセージです。「私たちにはこのような強い人物が必要なのだ」と信じてしまう人も少なくありませんが、このような発言はいかさま王の徴候だと思って注意してください。

強そうな外見は、いかさま王が支持を得たり、維持したりするのに役立ちます。実際に仕事ができることよりも、強いリーダーに見えることの方が重要なことのようです。次に紹介するのは、トランプが大統領に就任して一六カ月目、減税法案を通してから五カ月が過ぎた二〇一八年五月に書かれたものです。

「スキャンダルが山積みになっているにもかかわらず、なぜトランプの支持率は上昇したのか」

アメリカの大衆の大多数はとっくの昔にドナルド・トランプは嘘つきであり、「自分たちの価値観を共有」したり、「自分たちのような人々のことを気にかけ」たりはしないという結論を出している。だが、大統領就任当初、共和党保守派の七九%はトランプは「仕事ができる」と信じていた——二〇一七年一二月にはこの数字は六〇%まで落ちていたのだが、減税法案が議会を通過すると、トランプの「仕事を片付ける」能力に対する保守派の信頼は七〇%台半ばまで急激に回復した。[253]

いかさま王は何よりもそのことを知っているので、強く見せかける必要があるのです。また、彼らはペテンの達人であり、支持者が求めているものになりきることには特に長けているのです。

あやまち5
対立屋は被害者だと信じ込む

いかさま王は、支持者に対しては最初から自分が「悪者」の犠牲になっているように見せかけ、架空の悪者を攻撃する手助けをしてほしいと求めます。この戦術は、ほとんどのナルシストやソシオパスが（たとえ政治やリーダーシップにまったく興味がなくても）得意にしています。他者からの同情を利用して非難の標的に対する攻撃を支援させるのは彼らにとっては生来の特性であり、不用心な人はたいていこの戦術に引っかかります。だからこそ、こうした危険な人たちの特性に対する理解は、私たち現代に生きるすべての人々にとって必須の知識なのです。

トルコではエルドアン大統領が、トルコの加入を認めたがらないEUは、自分や、ひいてはトルコ市民を不当に扱っていると繰り返し強調しています。二〇一八年にはトランプ大統領がトルコで拘束されていたキリスト教の牧師を早く解放させようとして、トルコに経済制裁を課し、公式に非難して、エルドアンを孤立させようとしましたが、その戦術は結果的にエルドアンを助けることになりました。

トルコの通貨が急落すると、エルドアンはアメリカではなく国内の怒りに焦点を当て、トルコは国際的な破壊工作の被害者であると言って、アナリストによれば政府が長年適切に対処できずにいた経済問題から目をそらさせた。[254]

これまでのところ、エルドアンはトランプに攻撃されたおかげで自国の市民だけでなく他の指導者からも同情を集めているようですが、経済問題の現実味が増していけば、彼の支持者もどこかの時点で彼は被害者ではなく架空のヒーローであることに気づくかもしれません。

あやまち6 対立屋はコントロールできると信じ込む

これはナルシストやソシオパスといった危険な人たちとの関係において私たちが犯す共通のあやまちです。アドルフ・ヒトラーの場合、実業界や政府関係者の多くは彼を比較的無害でコントロール可能な人物とみなしていました。

［一九二〇年代に］ヒトラーに出会った人の中には、彼が新たな時代を切り開くだけの力を持った人物であり、ドイツ人の感情や怒りを引き出す不思議な能力を持っていると認識し

た人々もいれば、ヒトラーは道化のような男だから、政治の舞台に登場したときと同じくらいすぐに消えてしまうだろうと切り捨てた人々もいた。[255]

一九二〇年代の民主主義政府で仕事をした経歴を持つ銀行家のヒャルマル・シャハトは、一九三二年にエドガー・マウラーというアメリカ人記者に対して、これからヒトラーと会うことになっているという話をしました。

三週間後、マウラーはふたたびシャハトと会って、ナチの指導者との会話はどうだったかとたずねた。「うまくいったとも」とドイツの銀行家は答えた。「あの男はもう私の言いなりだ[256]」。

これはとんでもない勘違いでした。

同様に、ドナルド・トランプが大統領になったときも、彼を選出した多くの人々は就任したら「もっと大統領らしく」振る舞うだろうと言ったのですが、トランプは当選後の集会でそのような考えを笑い飛ばすかのように、まじめで落ち着いた政治家のふりをして、群衆に「本当はこんなトランプは嫌なんじゃないか」とたずねたのです。もちろん群衆は響き渡るような声で「そんなトランプは嫌だ！」と答えました。

このような行為は、いまどきの大統領の一番の仕事は楽しませることだという考え方を補強するものです。トランプの公的な言動と、それに対するメディアの反応が、政治は完全に娯楽と融合してしまったという考え方を絶えず補強しているのです。それがいかさま王のどこまでも攻撃的なパターンのわかりやすい例だと見抜ける人はほとんどいません。権力はいかさま王をより攻撃的にするものであり、彼らの攻撃性を弱めるものではないのです。

あやまち7
稳健派の対立候補を敵とみなす

第2部で取り上げたすべての例で、対立を煽る政治家に反対する人々は分断されていました。ヒトラーの場合、社会民主党とベルリンにいたその他の党は絶えず論争しており、ヒトラーはそれを大いに利用しました。ナチ党も共産党も社会民主党を攻撃して激しく弱体化させていました。反対派がお互いを攻撃せず、なんとか穏健派と手を組めていたら、ヒトラーを止められていたかもしれません。

二〇一六年のアメリカ大統領選挙の予備選では、民主党内の進歩派が穏健派の候補であるヒラリー・クリントンを攻撃しました。また、民主党の党組織は明らかに進歩派の候補だったバーニー・サンダースが予備選挙で不利になるような工作をしていました。第8章で説明したとおり、彼らがもっと早く争いをやめていたら、ドナルド・トランプを打ち負かすことができたかもしれません。

独裁的な指導者を望まないなら、分断を避けるしかないのです。それには穏健派の対立候補を目の敵にして攻撃しないことも含まれます。そのような攻撃は穏健派を弱め、権威主義的な党を強化する流れを強めるだけだからです。

あやまち8 抵抗派を敵とみなす

同様に、潜在的な独裁的指導者に対する穏健派の対立候補は、自分よりも攻撃的で極端な主張をしている対立候補（抵抗派）を敵に回さないよう気をつけるべきです。サンダースとクリントンの予備選挙では、穏健派がサンダースを否定するようなことを言いすぎたため、彼の支持者の多くを追い払うことになってしまいました。すでに見たとおり、穏健派がいかさま王の候補者（トランプ）を打ち負かすためには彼らの票が必要でした。

また、いかさま王の支持者を動揺させるのを恐れて、抵抗派の怒りのエネルギーを封じ込めてしまわないようにするのも大切です。何を言ったとしてもいかさま王の支持派がぐらついて対立候補に票を入れることはまずありません。彼らの絆は感情的なものなので、政策をいくら論理的に批判しても何も起こりませんし、いかさま王本人を批判しても、自分たちの候補者を守ろうとするだけです。

トランプが二〇一七年一月に大統領に就任したあと、少なくとも当面いくつかの分野でトランプの極端な政策に制限をかけられたのは、大規模な平和デモを実施するという「抵抗」が成功したおかげでした。また、それによって民主党が活気づき、特に女性の新人が数多く立候補しました。政治的に右派であろうと左派であろうと、穏健派にとって重要なのは、自分よりも攻撃的、あるいは精力的な党員と協力して、いかさま王を封じ込めることです。第8章で説明したとおり、二〇一八年の中間選挙では穏健派と抵抗派がうまく協力していました。

あやまち9
棄権派を敵とみなす

ここで取り上げた選挙の多くにおいて、投票資格は持っているのに選挙に行かなかった人が数多くいました。これらの投票しなかった人々がもしやり直せるとしたら、きっといかさま王に反対票を投じることでしょう。第8章で説明したとおり、二〇一六年のアメリカ大統領選挙では、資格を持つ有権者のうち投票したのは六一％だけで、さらにミレニアル世代に限ってみれば、投票したのは四九％だけでした。[257]にもかかわらず、これらの選挙は彼らの将来にもっとも大きな影響を与えることになるのです。

いかさま王が、対立候補への投票を思い留まらせるために民主的な選挙の手続きを攻撃し、投票が不正に操作されていると主張するのはよくあることです。選挙への無関心は、いかさま王が権力を握るのを助けます。そのような候補者は調子に乗って、人々はわざわざ民主主義のことなど考えたくないのだと言って、自分の非民主的な政策を正当化するかもしれません。ヒトラーは、権力を握って独裁者になるまではよく民主主義のことを「つまらない口論が多すぎる」と指摘していました。[258]

政党政治家や選挙運動員は、投票しない人々を強く批判したくなるものですが、棄権派を敵とみなすよりは、彼らに対立を煽る政治家の危険性や徴候についてもっと知ってもらうように働きかけるべきです。結局のところ、彼らが投票しないせいで対立を煽る政治家が当選したら、彼らも抑圧的な政府のもとで長い年月を過ごすことになるのです。どのようなパーソナリティのリーダーが選出されるかによってきわめて大きな差が生まれることは、本書で取り上げたすべての逸話が示しています。対立を煽る政治家が一人いるだけで歴史は変わります。しかも、悪い方向に。心理学者のスティーヴン・ピンカーが指摘しているように、「スターリンとゴルバチョフは違う」のです。[259]

あやまち10 支持派を敵とみなす

前にも述べたように、対立屋の支持派のことを悪く言わないのも重要です。そのような悪口を言っても何もよいことはありません。彼らを敵とみなしても対立屋との絆を強めるだけです。彼らについて発言するときも、他の集団について発言するときと同じように敬意を払いましょう。彼らのことを「嘆かわしい」と言ったり「馬鹿」と呼んだり、選挙のときに彼らに対して「叩きのめす」とか「ぶっ潰す」といった言葉を使うのは最悪です。自分を支援してくれる小さな集団に向けて言ったとしても、言葉は一人歩きするものです。話をするときは自分の発言が日々のニュースに流れるつもりで。実際にそうなることもあるのですから!

まとめ

これらのことから得られる教訓は、私たちはあらゆる有権者のことを気にかけ、敬意を払う必要があるということです。それと同時に、私たちはいかさま王がもたらす危険や欺瞞についてもやりとりする必要があります。第3部ではこのような情報を相手の感情を害さずにやりとりする方法を見ていきます。いかさま王が権力を握ったり権力の座に居座ったりするのを防ごうとして敵をつくってしまうのは誰のためにもなりません。

3

対立を煽る政治家を止める方法

HOW TO STOP HIGH-CONFLICT POLITICIANS

さて、第1章で提示した三つの大きな問いをここで振り返ってみましょう。

1　対立を煽る一人の政治家が、うまくいっているコミュニティあるいは国家をばらばらに分断することはできるのだろうか。できるとしたら、どのようにして行うのだろうか。

できます。第2部ではそうした例を見てきました。対立屋は、まずは自分のコミュニティや国家の「内部にいる」個人や集団を即座に攻撃し、自分の支持者にも同じことをするように教え込みます。これには個々人の暴力行為を奨励することも含まれます。「うまく」いっているコミュニティや国家からはいかさま王は生まれないという意見もあるかもしれませんが、第2部で取り上げたコミュニティや国家の中で、彼らの登場前の状態が登場後ほど悪かったところはありません。これまで見てきたとおり、いかさま王の支持者は通常、もっとも困窮している人ではなく、他者の成功を恨んでいる人たちです。対立屋は支持者を魅了し、だまし、操る方法を知っています。彼らに他者への共感や良心の呵責はありません。

2　平時において、対立を煽る一人の政治家が国家を戦争や飢饉、大量虐殺に導くことはできるのだろうか。できるとしたら、どのようにして行うのだろうか。

できます。歴史家たちが指摘しているとおり、第二次世界大戦を望んでいたのはヒトラーだけでした。ウクライナを、四〇〇万人以上の人々を殺すようなやり方で強制的に集団農場化したのはスターリンだけです。七〇〇〇万人近い人々を殺した文化大革命も、望んだのは毛沢東だけでした。彼らの周囲には止めようとした側近もいましたが、それで命を落とした者もいました。

3　対立を煽る政治家がそのようなことをしでかす前に止めることはできるのだろうか。

できます。ただし、そのためには人々が対立を煽る政治家の危険性や策略、力学を理解する必要があります。また、感情を煽る今日のメディアがそうした政治家に利用されやすいということも意識しておくべきです。本書の第3部はそのためのものです。

以降の章は、対立屋の対抗馬として立候補する人や、その人のために選挙運動をする人、対立屋の徴候を目にして他の有権者に警告を発したい人など、あらゆる人に向けたものです。

ここで紹介する情報は、職場のグループリーダーを選ぶときにも、教育委員会や住宅所有者組合のようなコミュニティの委員を選ぶときにも、都市や州、国家の官職を選ぶときにも適用できます。対立屋はどこにいても「王」になりたがりますが、身近なレベルにおいてはより見破りやすいといえます。こうしたレベルでは彼らの繰り出す架空の危機の三段論法が非現実的に見えるからです。国家レベルで架空の危機を演出する方が簡単であり、持続させることは簡単です。自分の正体を見破られない限りにおいて。

第10章 大切なのは人間関係

いかさま王に対抗して立候補するような場合、大切なのは政策ではなく、パーソナリティです。今日の有権者は、いくら現実に基づく正確な情報を提供しようと、いかに政策がすばらしいものであろうと、候補者が有権者と本当のつながりを持っていない限り、話を聞いてはくれません。だからこそポジティブなパーソナリティや人間関係が大切なのです。

私たちの目標がナルシストやソシオパスが選出されるのを食い止めることだとしたら、他の有権者との関係を考え直す必要があります。本書で挙げた四つの集団——支持派（熱狂的な支持者）、抵抗派（熱狂的な反対者）、穏健派（対立屋の突飛な行動のせいで混乱して呆然としている有権者）、棄権派（誰にも投票する気になれない人々）——のすべてに、ポジティブな感情的配慮をしなければなりません。少なくとも支持派以外の三つの集団に「仲間同士」という感覚を生み出す必要があるのです。

いかさま王は「常に敵対的」で、「どこまでも攻撃的」になることも覚えておきましょう。これは「遺伝的傾向や幼少期の極端な経験」のせいであり、「文化的な環境がそれを後押しする（しないこともある）」せいですが、彼らはなぜ自分がそのようになるか理解しておらず、自身の言動を反省することはありません。一般的に言えば、彼らはその言動のせいで最終的にはすべての人々から避けられてしまう不幸な人々なのです。対立屋に怒っても彼らの言動は変わりませんが、団結すれば変えられます。

対立屋の支持派は、他の三つの集団の合計よりは常に少ないものです。対立屋がほとんどの権力を握ってしまう前に支持派以外の集団が団結すれば、いかさま王は必ず打ち負かせます。

大切なのは内輪もめをしないことです。内部に敵はいません。他の有権者（や非有権者）を攻撃してはいけないのです。同意できない部分があっても、お互いに憎み合ってはいけません。このようなアプローチが簡単でないことはわかっていますが、何百回も対立を煽る状況に対処してきた経験から、私は対立屋による対立を煽る言動を真似るよりも、堂々と、ただし対立を煽らずに自己主張するアプローチの方がうまくいくことを学びました。

対立屋は分割統治については誰よりも長けていますが、団結して効率よく戦うのは対立屋以外の人の方が得意です。そして、選挙の仕組みはそれを助け、支えるように設計されているのです。

有権者に手を差し伸べる

対立を煽る政治家は、大切なのは政策ではなく有権者との関係であるとわかっているので、有権者を誘導し、反対派を分断することにほぼ全力を注ぎ込みます。彼らは支持者にいろいろと配慮し、毎日のように支持者に公の場で話しかけます。彼らが口にするのはいつでも同じ、五つの要素からなる感情的なメッセージです。

1 みなさんは私にとって特別な人です。大いに共感しています。配慮しています。敬意も払っています。
2 私はみなさんが必要としているものを正確に理解しています。その実現に力を貸します。
3 私たちは邪悪な敵の被害者です。彼らはみなさんや私のことをいいように利用しているのです。
4 私は邪悪な敵と戦います。みなさんにも一緒に戦ってもらわなければなりません。
5 私は強く精力的な大人物です。だからみなさん、見ていてください!

もちろんこれはナルシストやソシオパスの大風呂敷にすぎません。有権者のことを本当に気にかけているわけではありませんし（有権者から注目されるのは大好きですが）、有権者が必要としているものを本当に理解しているわけでもありません。ただ、彼らは「隔離された状況下で感情的なメッセージを繰り返す」ことで、有権者との絆があると思い込ませる――しばしば夢中にさせる――ことができるのです。

対立屋が選出されるのを効率よく防ぐには、この五つの要素からなる感情的なメッセージと同じように、人間関係の観点から物事を考えなければなりません。ただし、アプローチはもっと誠実で優れたものにする必要があります。すでに見てきたように、いかさま王は、自分の空想に基づいたメッセージを感情的に繰り返して人間関係を構築しますが、私たちは、「現実」に基づいてこれを行うことで人間関係を構築しなければなりません。

次に説明する人間関係を構築する技術は、候補者でも、選挙戦略担当者でも、ボランティアでも、他の有権者に影響を与えたいと願う有権者でも、同じように使えます。

1　共感・配慮・敬意（Empathy, Attention, and Respect=EAR）の気持ちをあらわす

言い換えれば、「ＥＡＲステートメント™」をことあるごとに発信するということです（私はこの手法を商標登録していますが、自由にお使いください）。ＥＡＲステートメントとは、次のような感情的なメッセージを一つ、二つ、あるいは三つすべて含むものです。

- 私はあなたに共感しています（あなたが心配していることやあなた自身のことを大事にしています）。
- 私はあなたに配慮して会いに来ます。
- 私はあなたに敬意を払います。

聴衆一人ひとりに敬意を持って話しかけるように心がけましょう。また、誰のことを話すときでも、必ず敬意を持って話をしましょう。たとえ対立屋のことを話すときであってもです（対立屋はとにかく自分のことは本当に理解していないので、敬意を払われなかったことに強い反応を見せるのです）。

2　**聴衆のことを知る**

有権者の話を聞くのもよいですが、彼らが本当に望んでいるのは、わざわざ説明しなくてもわかってくれている人です。最初から「仲間」でいましょう。最初から自分と聴衆は「仲間同士」であると言いましょう。最初から「仲間」のように話をしましょう。遠くから理解に努めようとしている他人のようなアプローチを取ってはいけません。わかっているけれど、もっと話を聞きたがっている仲間としてアプローチするのです。

3　**自分が論点にしたいことの現実を知る**

論点を説明するときは、自分が憎んだり戦ったりしなければならないと思っている相手ではなく、解決しなければならないと思っている問題のことを説明しましょう。「私たちは相争うのではなく、一致団結して問題の解決に当たる必要がある」といった表現を使うのです。論点を単純化して「敵に立ち向かう私たち」のような形にしてしまうと、何も解決できず、新しい問題が起きることを理解してもらいましょう。

4

戦うべきときと妥協すべきときを知る

これは、こんなふうに伝えることができます。「私はみなさんが心配していることを代弁できるよう、話を聞いてもらえるように戦います。また、私たちの問題について一生懸命考え、解決策を生み出すために努力します。私たちの問題を解決したいと思ってくれる人々と協力します。柔軟に振る舞うべきときはそうします。妥協が必要なときには妥協します。戦いが必要なら戦います。そして、いつがそのときなのか、判断する知恵を手に入れます」。

5

強くエネルギッシュで行動力のある人になる

有権者の中には選挙が近くなり、どちらが勝ちそうかわかった途端に勝ち組に鞍替えする人さえいます。自分たちの指導者には強くて自信を持った実力者であってほしいと望むのは人間の本性であり、私たちはそのような人に共感したいと思うものです。弱さを見せたり、疑ってばかりいる姿を見せたりするのは避けましょう。自己弁護はしすぎないようにしましょう。考えを変えるときは、自信を持って変えましょう。何より、どんなときでも対立屋の強さや勢いに負けないようにしましょう。

いかさま王にすっかり取り込まれてしまっているのがわかっている相手にはあまり時間をかけないようにしましょう。そのような人々にも丁寧に、敬意を持って接するべきです。選挙で本当に勝敗を左右するのは穏健派ですが、彼らは候補者がライバルの支持者にも敬意を払うのを見て好印象を持ちます。そういうところはしっかり見られています。


人間関係を構築する五つの要素について、もう少しヒントを書いておきましょう。

1 すべての有権者に共感し、配慮し、敬意を払う

ここで重要なのは、どの有権者集団も、思いやりに欠ける、無礼な扱い方はされたくないということです。そのような扱いは有権者を分断し、いかさま王が選出される素地をつくってしまいます。誰に対しても仲間に含めるような態度を取らなければなりません。人を敵に回すような政治へのアプローチは取らず、「部外者」感を生むことなく、私たち全員が含まれるような「仲間」意識を生み出す必要があるのです。

それはけっして簡単なことではありませんが、人間は協調する生き物でもあります。人は闘争も

協調もできるように生まれついているのです。

私たちが持っている闘争本能はスポーツやビジネスなどにおける健全な競争においては見事な働きをすることもあります。しかし、政治の世界では、際限のない支配欲に突き動かされていた古代の王のようなマインドセットを乗り越えていく必要があります。私たちはすべての人に共感し、配慮し、敬意を払うこともできます。そして実際、そうしなければならないのです。

いかさま王について話すときの注意

対立を煽る政治家は、自身のことも、自分が際限なく攻撃的な言動をしていることも理解しません。別の言い方をすると、彼らの言動は過失ではなく、思考回路の問題なのです。私たちは彼らを止めるために努力すると同時に、彼らやその支持者に共感することはできるはずです。

いかさま王とはなるべく話をしないようにすべきではありますが、彼らについて話すときは敬意を持って話してください。たとえば次のように。

「〇〇が自分ではどうしようもないということは理解できます。彼は自分がどれだけ他者に損害を与えようと止められないのです。おそらくそのように生まれたか、幼少期に問題があったのでしょう。それは残念なことですが、だからこそ私たちは彼を止めなければならないのです。全員で力を合わせて彼の選出を防がなければなりません。また、選出されてしまったらできるだけ早く辞めさせなければなりません。権力を与えれば与えるだけ危険になる能力を持っているからこそ、いますぐ彼を止めようと思わなければならないのです。彼に毎日腹を立てているだけではいけません。一致団結して彼を止めることに精力を注がなければならないのです」。

支持派

いかさま王の熱烈な支持者を説得しようとするのは時間の無駄です。彼らは本当の信者であり、自分たちの候補者がどこに向かおうと従い、何をしようと支持します。彼らには感情的な絆があり、その絆を断ち切るのはほぼ不可能です。ただし、選挙運動中接点があれば、敬意を払うために挨拶くらいはするべきです。

支持派の中には、実は対立屋を見捨てる可能性もありながら、表向きはそう言わない人たちもいます。冷静に、敬意を持って、精力的に話をすれば彼らは対立屋についての話でもしっかり聞いてくれるでしょう。

熱烈な支持派に対しても、そこまでではない支持派に対しても、彼らや彼らの支持する候補者について敬意を持って話す、という態度は重要です。

とはいえ、時間や配慮、共感、敬意の大部分は残りの三つの集団に向けるようにすべきです。

抵抗派

抵抗派の有権者はもっとも精力的で情熱的です。また、さまざまな意味で、いかさま王への反対票をうまく引き出す鍵となります。彼らの怒りや恐怖については遠慮なく共感するべきです。あなたが対立を煽る政治家が突きつけてくる危険性を理解し、一致団結して戦う必要があることもわかっていると伝えましょう。

ただし、抵抗派には、穏健派のことも理解し、彼らを敵に回さないようにする必要があることもわかってもらいましょう。いかさま王を食い止め、排除できるかどうかは、抵抗派と穏健派が協力できるかどうかにかかっています。

受け身の穏健派を積極的な穏健派にする鍵となるのは抵抗派かもしれません。そのために、抵抗派には対立屋が生み出す四つの派閥についてよく知ってもらい、対立屋に付け入る隙を与えないようにしようと呼びかけましょう。

また、予備選で同じ政党内の抵抗派と穏健派が戦う場合は、そのような戦いは本選前にさっさと終わらせ、仲直りの時間を用意する必要があるというメッセージを伝える必要があります。抵抗派と穏健派だけでなく、棄権派も対立屋に対する反対勢力になりえます。この三つの集団すべてが、本選前に速やかに仲直りする必要があるのです。

心理学的には、人は自分が属する集団内での激しい対立を克服することは、少なくとも短期間ではできません。二〇一六年の民主党予備選挙でバーニー・サンダースとヒラリー・クリントンが犯したあやまちがこれでした。また、ロナルド・レーガンが「共和党の第十一戒」を推進した理由もこれでした。

予備選中に私に対して行われた個人攻撃があまりにも酷かったため、共和党のゲイロード・パーキンソン州会長は、共和党の同輩を悪く言うなかれという「共和党の第十一戒」なるものを主張した。私はこの選挙期間中も以後も、その戒めに従っている。[260]

別の言い方をすると、対立屋には好きなだけ個人攻撃をさせましょう——彼らは自制できないのですから。オバマ前大統領夫人のミシェル・オバマはかつてこう言っていました。「バラクと私には座右の銘にしている言葉があったので、あの晩は壇上からその言葉をお届けしました。『向こうが下品に行くなら、こちらは上品に行きましょう』と」。[261] このような姿勢には敬意を払いますが、方法としては間違っています。いかさま王がこれほど多く当選しているのを食い止めるには、政治文化そのものを変える必要があるのです。

個人攻撃は現代の問題解決には不適切だということを誰もが知る必要があります。予備選の最中には白熱する瞬間があるかもしれませんが、それでも対立屋を相手にする本選の前には関係を修復しておかなくてはなりません。

そのような関係修復は集団のイデオロギーの違いよりも重要なことです。いかさま王に対抗する三つの陣営のすべての人がそれを理解していなくてはなりません。選挙でもっとも大切な目標はただ一つ、いかさま王を打ち負かすことです。また、どこまでも攻撃的な対立屋が選挙に勝ったら、私たちの暮らしははるかに悪くなるのです。

穏健派

おとなしい穏健派は、いかさま王やその支持者からは邪悪なエスタブリッシュメントとみなされています。もっとも強烈な個人攻撃を受けるのは彼らであり、その酷さに意表を突かれてしまうことがほとんどです。いかさま王は彼らを権力側の人間だと名指しするので、望んでもいないのに注目の焦点となってしまうのです。

その好例が、二〇一六年の大統領選挙の前に行われた共和党予備選挙での一幕です。この予備選で、ドナルド・トランプは感情的なメッセージを繰り返して他の候補者一人ひとりに対して個人攻撃を仕掛けました。その手口は信じられないほど効果的で、記憶に残るものでした。彼は主要な対立候補の一人一人に、「嘘つきのテッド・クルーズ」、「ちびのマルコ・ルビオ」、「エネルギー不足のジェブ・ブッシュ」など、蔑むようなあだ名をつけていったのです。

トランプはその後の共和党予備選挙中、このあだ名をテレビや集会に集まった支持者に向けて何度も繰り返し、呆気にとられた対立候補たちを立ち往生させました。対立候補たちは政治的キャリアは長かったものの、これまでそのようなやり方への対処法は身につけていなかったのです。

トランプはどうやらヒトラーが一九二〇年代に学んだと主張していた教訓を採用したようです。

「攻撃された人間の神経がやられてしまうまで嘘を集中砲火し、敵対する者は何であれ中傷するのがもっとも効く」[262]

穏健派は団結して自分たちを擁護するために発言する必要があります。その際、簡潔で中身のある、友好的で毅然とした（Brief, Informative, Friendly and Firm=BIFF）対応をして、ただやられっぱなしではなく、自信を持って情報を提供するようにしてください。これについては第13章で説明します。

棄権派

理由はさまざまですが、多くの有権者が棄権します。ピュー研究所によると、二〇一六年の大統領選挙本選では、投票権を持つ成人のうち、投票したのは六一・四%にすぎませんでした。アフリカ系アメリカ人の投票率は二〇一二年の六六・六%から下がり（五九・六%）、ミレニアル世代やヒスパニック系アメリカ人、アジア系アメリカ人の投票率も五〇%にわずかに届きませんでした。ただしミレニアル世代の投票率は二〇一二年よりもわずかに上がりました（四六・四%から四九・四%）。[263]

この集団とやりとりする際には、選挙に対する彼らの苛立ちや、投票してもしなくても変わらないという思い込み、そして多忙な生活に共感を寄せるところから始めましょう。彼らを軽んじてはいけません。彼らには（少なくとも）これが——対立を煽る政治家が立候補しているという——異常事態であり、ふだんよりもはるかに民主主義に対する危険性が高まっていることを伝える必要があります。そのような候補者の危険性を伝えることが重要です。できれば彼らにも直接影響するかもしれないことや、自分の将来だけでなく彼らの将来も心配していることを伝えましょう。

2　聴衆のことを知る

人間関係を構築するうえで、つながりをつくるには自分の何かを与える必要があります。共通の話題を（できれば事前に）探してください。できれば、相手に共感していることがわかるような短い話をしましょう。違いを見せつけるのではなく、自分も同じですよと伝えるのです。場合によっては自分を笑いものにしたり、恥ずかしい思いをしたりしたときの話を共有してもよいでしょう。

新しい集団とつながりをつくる場合は、政策や、抽象的な論点、相手にしてもらいたいことの話から始めてはいけません。「一人の人間として」関係を始めるようにしましょう。人々があなたの考えや論理的な情報に耳を傾けてくれるようになるのは、そのような人間関係ができてからのことです。どれほど急いでいようと、人としてつながる必要があります。そうでなければ、何を言っても相手にしてもらえません。

彼らが具体的に恐れているものや苛立っているものがわかれば、それに対処するのは大いに役立つかもしれません。恐怖や怒りは、対立を煽る政治家が自分の支持者——特に本当の信者——とのつながりを強固にするときに利用する感情であることを覚えておきましょう。

人々が恐れているものや、それへの対処法に焦点を合わせてみましょう。彼らの怒りや苛立ちを共有して争点にすることもできますが、他の人や集団を敵にしてしまわないよう気をつけてください。別の人物や集団に怒りを集中させれば一時的には気持ちよく感じられるかもしれないけれども今日の現代的で複雑な問題を解決することにはならないという話をしましょう。

ジョン・マケイン上院議員が二〇〇八年の大統領選挙でバラク・オバマに対する有権者の怒りをどのように扱ったかという話が参考になります。この選挙では両者が対立候補として立候補していたのですが、タウンホールミーティングに参加していた有権者の一人が、オバマはアラブ人である、つまり暗にアメリカ生まれではないのだから大統領への立候補は許されるべきではないと言いました。するとマケインは即座にマイクを取って、オバマの弁護に回りました。

「いえいえ奥さん」共和党の指名候補者であるマケインは保守派の大衆がブーイングをする中でこう言った。「彼は家族思いの立派なアメリカ国民ですよ。たまたま私が重要な論点について彼とは別の意見を持っているだけで。だからこその選挙戦なのです[264]」。

3　自分が論点にしたいことの現実を知る

論点になっていることと、それに関して人々の不安を軽減するために本当に必要なこと、たとえば具体的な解決策に投資するとか、個人や企業、政府機関に制約を課すといったことの説明に集中しましょう。そして、医療や教育、インフラなど、積極的な解決策を推進していきましょう。ある人物や集団を敵にするのは避けてください。架空のヒーローを攻撃するのもやめましょう。そうではなく、対立屋が煽る架空の危機に焦点を合わせて、それがいかに危機ではないかを説明しましょう。また、本当の問題や本当の解決策に焦点を合わせるようにしましょう。

聴衆に何かを教えるようなアプローチを取ってください。ただし、メッセージは単純にして、何度も繰り返しましょう。それまで知らなかった知識を得られたことは評価してもらえるはずですし、事実の情報をもとに簡単なフレーズやバズワードなどがあれば聴衆との絆が深まるかもしれません。

たとえば調査によると、アメリカの移民は実は平均的な市民よりもよく働いており、人々が働きたがらない時間帯に働き、就きたがらない仕事にも就いています。これは二〇一七年のワシントン・ポスト紙が記事にした研究によるものですが、その研究では次のような結論に至っています。

移民はアメリカ生まれの労働者よりも早朝や深夜といった時間帯に働いている可能性がかなり高い。

移民は経済の重要な分野のいくつかで隙間時間の労働を埋めるのにとりわけ大きな役割を果たしている。

女性の移民はアメリカ生まれの女性よりも深夜や早朝に働いている可能性がかなり高い。

早朝や深夜といった時間帯に働いている移民とアメリカ生まれの労働者は同じ仕事を取り

合うことにはならない場合が多い。[265]

また、三六年にわたる調査によると、移民の犯罪率は全般的にアメリカ市民の犯罪率よりも低いことがわかっています。ここで言う移民には、合法的な移民も、不法滞在者も含まれています。

その研究データによると、今日、大多数の地域では一九八〇年よりも移民が多くなっているが、凶悪犯罪は少なくなっている。マーシャル・プロジェクトはこの研究データを二〇一六年まで拡充したが、移民人口はほぼすべてで増えたにもかかわらず、犯罪は増えた場合よりも減った場合が多いことが示された。[266]

こうした知識があれば誰でも次のようなフレーズを思いつくでしょう。

移民は働き者だ
そして
犯罪とも無縁だ

このフレーズには「働き者」や「犯罪とも無縁」というキーワードが含まれていますから、「感情的なメッセージを交えた事実情報」です。このようなフレーズを、強い感情を交えて繰り返せば繰り返すほど、テレビコマーシャルのように人々の脳に入り込んで覚えてもらいやすくなります。

4 戦うべきときと妥協すべきときを知る

対立を煽る政治家は、どこまでも敵対的なので、戦い方しか知りません。そのことを指摘するのもよいでしょう。有能な政治家なら、（つくり物のテレビ番組や映画のような架空の世界とは異なり）場合によっては妥協も必要なことを知っています。実際、私たちの国は妥協の技術の上に建国されたものであり、建国後のあらゆる法律もそのようにしてつくられています。民主主義国家の憲法のもとでは多くの場合、政府部門の職務が分割されているのもそのためです。

対立を煽る政治家は何にでも白黒つけずにはいられないので、妥協すべきときもそうできないということを指摘してもよいでしょう。また、あなた（あるいはあなたが支持する候補者）が道理にかなえば妥協もすれば戦いも辞さない人間であることを主張してもよいでしょう。すべての問題を脅しで解決しようとする型にはまった人よりも、頭の回転が速い創造的な人の方が好ましく映ります。

5　強く精力的であること

これはすべての有権者にとって驚くほど重要なことです。独裁的リーダーの魅力について調査すると、有権者は強い指導者の方が安心安全だと感じていることがよくわかります。このことはどの政策、どの政党よりも重要なのでしょう。

これは人々がさまざまな身の危険から自分たちを守るために、肉体的に強い指導者を実際に必要としていた人類の歴史の初期にまで遡る感覚なのだと私は思っています。

まとめ

今日、人々からリーダーに選ばれるためには、有権者との関係構築に注力することが不可欠です。ナルシストやソシオパスのいかさま王はそのようにして支持者を誘導しています。感情を利用しましょう。ただし、利用するのはポジティブな感情です。対立屋の悪口を言って時間やエネルギーを無駄遣いしてはいけません。彼らのことはさらりと言及するに留めて、対立屋が争点にしている架空の危機に焦点を合わせ、それが危機ではなく、解決が必要な問題の一部にすぎないことを説明しましょう。また、本当の問題に焦点を合わせ、それがもたらす影響に焦点を当てましょう。

第11章 ナルシストやソシオパスをふるい落とす

ナルシストやソシオパスのような対立を煽るパーソナリティが存在していることや、そのようなパーソナリティがいかに危険でいかに嘘つきか、本当にわかっている人はほとんどいません。対立屋のことを知らず、その驚くほど明らかな徴候がわからない人は、彼らにだまされがちです。場合によってはさらに悪いことになるかもしれません。ナルシストやソシオパスの対立屋に誘導されて、「尻馬に乗って非難する人々」になってしまうかもしれないのです。

本書の読者のみなさんはもう対立を煽る政治家の基本は理解していますから、他の人々に彼らのパターンを教えることができるはずです。

人は公人やその周囲にいる私人のパーソナリティを理解したいという気持ちを持っています。その情報を数カ月前あるいは数年前に知っていたらよかった、という声もよく聞きます。

常に敵対的で、どこまでも攻撃的

対立を煽る人々の根底にある言動はどこでも一緒です。彼らは「常に敵対的」です。理性的な話をしているように聞こえるときや、魅力的に見えるときでさえ、そうなのです。彼らは誰に対しても攻撃をいといません。身近な人々――家族、友人、誠実な同僚、権威ある立場の人々――であってもです。このようなわかりやすい敵対的な対立屋のパターンは、生まれつきのこともあり、幼少期の経験やその人物が属する文化の影響によることもあります。

他の人なら敵対的な言動をやめて仲間として協力しようと努めるようなときでさえ攻撃的になるので、ほとんどの人は衝撃を受けるのですが、残念ながら対立の場においては、最後まで攻撃的な人物が、敵対することにうんざりしてしまった人に（少なくとも一時的には）勝つことが多いのです。その点では対立屋は誰よりも優れています。彼らは持続的なパターンを持っているので、いくらでも攻撃を続けられるのです。

二〇一六年の共和党予備選でドナルド・トランプが他の一六人の候補者を打ち負かしたときもそうでした。彼は決して個人攻撃をやめなかったのです。彼は各候補者を一人の人間として個人攻撃していきました。他の候補者たちは理性的で論理的で協調的であるところを見せようとして、次々に不意打ちを食らっていったのです。

同様に、対立屋の周囲で働き、暮らしている人々も、このようにどこまでも攻撃的な人への備えは通常できていないので、その場しのぎで彼らの言いなりになってしまうことが多いのです。「いいですよ。〇〇さんに担当させましょう。ものすごくやりたがっていることですし」。彼らは、誰かがやたらと何かを担当したがるのは対立屋の徴候だということを理解していません。その人は絶対にチームを率いてはいけない人間なのかもしれないのです。

選挙で対立屋をふるい落とせる人々には三種類あります。私からはそれぞれのグループに次のように助言します。

- 政党内部で候補者を選び、指名する委員のみなさんへ
いかなる理由があっても、どんな状況下でも、対立を煽る候補者を選んだり支持したり励ましたりしないでください。絶対に後悔します。

- 特定の候補者のために選挙運動をするボランティアや、給与を得てその取りまとめをしているみなさんへ
いかなる理由があっても、どんな状況下でも、対立屋の候補者のための仕事や選挙運動をしないでください。遅かれ早かれ彼らはみなさんに背を向けて、悪意のある攻撃でみなさんに衝撃を与えることになるでしょう。

・有権者のみなさんへ
いかなる理由があっても、どんな状況下でも、対立を煽る候補者には投票しないでください。彼らは民主主義や法の原則を破綻させるためなら何でもします。また、立ちふさがる人やものは何であれ全力で破壊しようとします。

初期の徴候

パーソナリティ障害を持つ人々は平均的な人よりも言動のパターンが狭いことを念頭に置いておいてください。『DSM－5　精神疾患の診断・統計マニュアル』には、その人の人生の多くの場面にあらわれる、「広範囲に及ぶ持続的なパターン」と書かれています。その本質的な意味は、彼らは柔軟性がなく変化しないということなので、彼らの言動は平均的な人よりも「明白で予測しやすい」のです。対立を煽るパーソナリティを持つ人々についても、パーソナリティ障害の有無によらず、同じことがいえます。

第1章で取り上げた徴候を見てみましょう。いかさま王は次のような属性の多く、またはすべてを持つようになります。その人が就こうとする仕事が多くの権力を与えるものであればあるほど、これらの特性は極端になっていくものと考えられます。

▼対立を煽るパーソナリティのおもな特性

1 標的とした相手を執拗に非難する
2 何にでも白黒をつけずにいられない
3 攻撃的な感情を抑制できない
4 極端に否定的な態度を取る

また、いかさま王はたいてい次のようなパーソナリティの特徴の一部またはすべてを持つようになります。

▼ナルシストの(自己愛性)パーソナリティの特性

1 他者よりも上に立ちたがる
2 壮大な構想
3 無限の権力を持つという妄想
4 他者への共感の欠如

▼ソシオパスの（反社会性）パーソナリティの特性

1　支配欲
2　欺瞞（嘘や言いくるめ）
3　強い攻撃性
4　良心の呵責の欠如

対立を煽る政治家のパターン

このような対立を煽る政治家のパターンを見つけ、それを他の人に知らせるには三つの手法があります。この章ではＷＥＢメソッド®について説明します。他の二つは付録に収録しました。

・付録Ａ「対立を煽る危険人物の40の言動リスト」
・付録Ｂ「対立を煽る政治家の採点表」

ＷＥＢメソッドを用いる

ＷＥＢメソッドとは、対立屋の「言葉（Words）」、みなさんの「感情（Emotion）」、そして対立屋の「言動（Behavior）」に注目するものです（詳しくは拙著、*5 Types of People Who Can Ruin Your Life:*

Identifying and Dealing with Narcissists, Sociopaths and Other High-Conflict Personalities を参照)。

対立屋の言葉

対立を煽る政治家は、非常に多くの言葉を口にする(書いたりツイートしたりすることも多い)ので、この手法を使うととても簡単に見つけられます。実際、本書第2部で説明した対立屋はいずれも他の政治家より五〜一〇倍は多く話す(話した)ことが知られています。おそらくこれはナルシストの傾向があるからでしょう。ナルシストは過剰な注意や称賛を要求するものですから。

次のような要素がたくさん含まれている言葉を探してください。

▼非難

- これも「ユダヤ人、富農〈クラーク〉、麻薬中毒者、エリート、エスタブリッシュメント、ムスリム、メキシコ人、共和党、民主党など」のせいだ!
- われわれがこんな目に遭っているのは前政権が下した決定のせいだ。
- ○○を信用してはいけない。敵はすぐそこにいるのだ!

また、彼らは決して謝りません。ひどい決定をしても決して責任を取らず、過去の行動や決定、慣習を見直すこともしません。

▼何にでも白黒つけずにはいられない考え方
・われわれは同じ敵に立ち向かう仲間だ！
・すべては〇〇のせいだ！
・彼らのやり方は大失敗だから完全にやめさせなければならない。
・私はこれまでこの職に就いていた誰よりもいい仕事をしてみせる。
・いまその職に就いている人間はこの国の歴史上最悪の仕事をしてきた。
・私のもとで働いてくれる人には最善の人を選ぶ。もちろん私に投票してくれる人には最善の人しかいない。
・お前がいま言ったことはどれも嘘ばかりだ。

▼むき出しの強烈な感情
・お前のせいで私はこの偉大な国の国民であることを恥ずかしく思う。私がいま、どうしたいかわかるか。そちらに行ってその醜い馬鹿面をぶんなぐってやりたいよ。
・この委員会の前委員長はとことん無能だった！
・この面汚しめ！　その勲章はすべて剝奪してやった方がいい！
・よくもやってくれたな！　この善良な人々にいますぐ謝れ！

・対立候補がこの国にしてきたことを見ると吐き気がする。

▼極端な言動や脅迫

・前政権が計画したものの大半は撤廃する。
・われわれのリソースはすべてこのすばらしい新事業に投資する。
・われわれはこれまで常にそうしてきたように、何一つ変えずにやらねばならない。
・この件で戦争に勝つのは簡単だ。何をしなければいけないかはきちんとわかっている。
・答えは簡単だ。あの男を閉じ込めて鍵を捨ててしまえ。

▼その他、ナルシストの指導者がよく使う言葉

・ここにいるみなさんが必要としているものはわかっている。
・計画はあるが、当選するまで言うつもりはない。
・あちら側は負け組だ。
・私は過去にこの職に就いていた誰よりも○○をうまくやる。
・いずれ振り返ってみたら、私がどれほど正しく、みなさんがどれほど間違っていたかわかるだろう。

▼その他、ソシオパスの指導者がよく使う言葉

・○○［お前、反対派、私を疑う人、我々の敵］なんて潰してやる。
・○○［反対派、隣人、エスタブリッシュメント］はわれわれが支配する。
・○○の集団は虫けらの集まりだ。生きるに値しない。
・彼らは私たちをコントロールしようとしている○○だが、破滅するのは彼らだ。
・政治とは常に戦争である○○そして戦争には必要ならどんな手を使ってでも勝たねばならない。
・対立候補の腐敗は酷すぎる！　信じられないだろうが、彼の納税申告書はまるでおとぎ話だ！

あなた自身の感情

その政治家に対してあなたがどう感じたかをよく考えてみてください。極端な感情を抱くかもしれませんが、そうした気持ちと向き合うことに慣れてください。

▼ネガティブすぎる感情

・話をするときに恐怖を感じたり、傷つきやすくなっていたり、不安になったりしていませんか。
・その人が権力を握ったら自分は個人的にも政治的にも破滅すると感じていませんか。
・彼らの政策を聞いて、やる気を削がれたり無力感を覚えたりしていませんか。
・その政治家に足をすくわれそうだと感じていませんか。

・怒りを感じていませんか。
・その人が話しているのを聞いたり顔を見たりすると叫び出したくなりませんか。
・その人のことを公の場で悪く言うのを怖いと感じていませんか。
・その人のことをどう思っているか人々に知られたら、酷い攻撃を受けそうだと怖がっていませんか。

▼ポジティブすぎる感情
・その人はあまりにも善人すぎて本物のようには思えなかったりしませんか。
・その人に夢中になっている感じはしませんか。
・その人のことが好きすぎて、これまでその職に就いてきた人の中で一番だと思っていませんか。
・その人には従わなければとか、彼らの話は聞かなければと強く感じていませんか。

対立屋の言動

人のパーソナリティや未来の言動は当然のことながら何か一つの特性や出来事によって確定するわけではありませんが、すべてを考え合わせると、好きになれない候補者のパターンが見えてくるかもしれません。

・その人は、部屋の反対側にいる人々にものを投げつけるなど、九割方の人が決してしないような悪いことをしていませんか。
・その人は他の人々がしたと主張していることを否定するのに多くの時間を費やしていませんか。
・その人は自分のチームの人々を批判するのに多くの時間を費やしていませんか。
・その人は身近な友人も遠くの敵も攻撃していませんか。
・その人は自分が持っていない経験や才能、能力を持っているふりをして（あるいは持っていると主張して）いませんか。
・その人はよく嘘をついていませんか。

話をそらすテクニック

いかさま王が支持派を誘導するときには、話をそらしたりだましたりするための細かなテクニックを駆使しています。いくつか例を挙げてみましょう。

1　話をそらしたり、次から次へと繰り返し話を飛躍させていく。
2　まったく筋のとおらないことを言う――ただし最初は筋がとおっているように見えるかもし

れない。

3　有権者にどれほど彼らのことを気にかけているか、あるいはどれほど彼らのことを愛しているかという話をする。

4　有権者に自分がどれほどのことをするつもりでいるかを――ただし役に立たないくらい一般的で具体的でない言葉を使って――話す（みなさんが大成功して幸せになれるようにします！）

5　有権者に具体的すぎて実現できるはずがない見え見えの嘘を約束する（私が大統領になったらみなさん一人一人が百万長者になれるようにします！　保証します！）

6　有権者にすごいことが起こると約束するが、どうやって実現するかは決して言わない（私たちは世界史上最高の権力を握ることになります。なぜなら、私がそこまで連れて行くからです）。

7　自分は有権者と同じ懸念を共有していると主張する（みなさんが心配していることはまさに私も心配していることです）。

8　自分も聴衆と同じような人間であると宣言する（みなさんも私も同じ人間ではありませんか。みなさんにとってよいものは私にとってもよいものです。私たちはお互いにどうすれば世界がうまく回っていくかわかっていますよね）。

いくつかの重要なヒント

対立屋の徴候を知っておくと、いろいろと悪い状況に陥るのを避けるのに役立つかもしれません。これらの予測しやすいパターンを学び、他の人に教えるのは価値あることです。

ただし、いくつか注意することはあります。あなたがナルシストやソシオパス——あるいは他の精神障害——の診断をしているわけではないことは覚えておきましょう。あなたがこの本で学んだのは身の回りに一人や二人はいるかもしれない対立を煽るパーソナリティから自分やコミュニティを守る方法にすぎません。

危険な人間のパーソナリティに気づいたとしても確実にそうだと断言はせず、たとえば次のように言うだけに留めましょう。

「○○については深刻な懸念があるので、私は［彼を候補者には選ばない］［あの候補者の仕事はしない］［彼には投票しない］。彼は何にでも白黒つけずにはいられないようだし、他の人々を非難してばかりいる。これは彼が理性的な政策決定者にはなれず、気にかける必要がある重要な論点があっても人々と不要な戦いをすることにこだわることを示す重大な徴候だと私は思う」

このような言い回しを使えば、彼らのパーソナリティを批判しているとか、精神衛生上の問題を抱えている人に勝手に診断を下しているとみなされることなく人々に警告することができます。対立を煽るパーソナリティ（対立屋）は精神衛生上の診断結果ではなく、対立の際に人がどう振る舞うかを説明したものだということは忘れないでください。候補者のパーソナリティの危険性やその理由についてどうしても伝えたい場合は、次のような言い方をしましょう。

「私は彼が対立を煽るパーソナリティの持ち主であり、私たちのコミュニティ／州／国家を煽って戦争状態にしてしまうのではないかと懸念している。対立屋は常に敵対的で、どこまでも攻撃的で、自分では止まれない人々なので、いま——彼を選出しないという方法で——止めておいた方がいい」

そのような話を他の人にする場合はあらかじめ友人相手に練習しておいた方がよいかもしれません。こうした考え方に慣れること、そして自信を持って伝えることにもつながります。力強さや自信を感じさせる人が非常に魅力的に見えることもあるのは覚えておきましょう。

まとめ

多くの人々が対立屋の危険性やパターンを認識すれば、対立屋をふるい落として選出されないようにするのはそれほどむずかしいことではありません。しかし、対立屋が本当に他者への共感や良心の呵責に欠け、特に理由もなく人々を攻撃することはなかなかわかってもらえないものです。言動に問題があるのは彼らであって、彼らが攻撃の対象にしている人ではありません。

政治の場合、大切なのは政治的な論点であり、パーソナリティです。対立屋の言動のパターンに注意して、彼らの話に惑わされないようにしてください。彼らが言っていることは、あなたが知っている九割方の人が言うようなことでしょうか。あなたはそのようなことを言ったことがあるでしょうか。こうしたことを自問することは、対立屋が私たちに対して権限を持つ危険な立場に就くのを防ぐのに役立つでしょう。

第12章
架空の危機の三段論法の正体を明かす

私たちは他の人々の言動のパターンに引きつけられます。

二〇一六年の共和党予備選の討論で、他の候補者のコメントや質問に対してひたすら自分の論点を繰り返すのを「パターン」としていたマルコ・ルビオ上院議員をクリス・クリスティ州知事が次のように批判しました。

クリスティ氏は聴衆に向かって、マルコ・ルビオが「丸暗記してきた二五秒の演説」を聴くようにと軽蔑を込めて言った。そしてさらに辛辣な一言を加えた。「彼のブレーンが書いたそのままの内容を読み上げます」と付け加えたのだ。

……自分の番になると、ルビオ氏はなぜかクリスティ氏の予言を実現するかのように、丸暗記してきたようにしか聞こえない演説のおもな部分を、ほとんど一言一句そのまま繰り返した。

「バラク・オバマは自分が何をしているかわかっていないという意見はまるで正しくない」とルビオ氏は言った。

「彼は自分がまさに何をしているかわかっている」

クリスティ氏が食いついた。「ほらね」冷たくそう言うと、ルビオ氏をさらに追い詰めた。「お聞きのとおりですよ、みなさん[267]」。


聴衆はそれを聞いてクリスティ氏を喝采を送りました。彼らはルビオ上院議員の言動のパターンを知り、それを目の前で見て楽しんだのです。

長年対立を煽るパーソナリティのパターンのことを教えてきた経験から言うと、自分が認識できるようなパーソナリティのパターンを学んだり、自分が将来目にすることが予想される言動を学んだりすることに、ほぼすべての人が関心を示します。また、架空の危機の三段論法の狭いパターンについては、たいていの人は学んでよかったと言ってくれます。一度これを覚えてしまえば、対立を煽る政治家の話には必ずピンときます。こうしたパターンがわかるのは一方では痛快なことでもありますが、非常に深刻な問題でもあります。

対立を煽るパーソナリティのパターンを人に説明するときに大切なのは、架空の悪者や架空のヒーローではなく、まずは架空の危機の内容に焦点を合わせるようにすることです。架空のヒーローや架空の悪者はもっぱら敵と味方の攻防の話ですが、架空の危機は現実を巻き込みます。事実と分析によって、それが正真正銘の危機なのか、危機とは言わないまでも解決する必要がある問題なのかは明らかになるものです。

その方法について掘り下げる前に、なぜ架空のヒーローを批判したり架空の悪者を擁護したりしすぎてはいけないのかについてお話しします。

架空のヒーローを感情的に攻撃しない

多くの政治家やその支持者が対立を煽る政治家に対応する際に犯す大きな間違いの一つが、いかに対立を煽る政治家が馬鹿げているかを指摘することです。相手を蔑むようなコメントは、ニュースにはなりますが、実は対立屋とその支持者の関係を強化してしまうのです。

対立を煽る政治家は支持者に自分たちは邪悪で強力な集団——つまり、対立候補者やその支持者、党、人種、組織、国家など——の被害者であると教え込んでいることを覚えておいてください。対立屋は、自分たちとそれ以外という二つの集団があり、自分たちの集団にはヒーロー的な指導者がいて、その集団の中心となるのがあなたたちだと支持派の人々に教え込みます。

彼らの指導者を攻撃すると、支持派は自分たち全員が攻撃されていると感じます。対立を煽る政治家は選挙運動の最初から（その前からのこともあります）対立候補を怒鳴りつけたり、集会で悪口を唱和したり、インターネットで煽ったりして、対立候補に怒りの対応をするよう支持者を訓練しているのです。

一例を挙げましょう。二〇〇九年から二〇一〇年にかけて連邦議会で医療保険制度改革が検討されていた頃の話です。アラスカ州知事サラ・ペイリンが、医療保険制度改革によって医療を受けられる人とそうでない人を決める「死の判定団」が生まれるだろうという劇的な一言を述べたのです。これは事実とは異なり、メディア上では訂正されたのですが、それでもそのあとには次のようなことが起こったのです。

だが、この訂正は実はペイリン支持者の間では裏目に出た……。この訂正を知って、医療保険制度改革には死の判定団も含まれると信じる人が増えたようなのだ。皮肉なことに、訂正されたことによって、もとの考えが強化されたのである。この研究は、外集団の人々が何らかの意見を支持すると、まさにそのせいで内集団が自分たちの考えに固執することがあることを示唆している。[268]

このようなことが起こったのは、ペイリン支持者とペイリンとの絆が情報に基づいた論理的なものではなく、感情的な性格のものだったからです。彼らは攻撃を受け、ともに対処したことで勢いづきました。この出来事が敬愛する自分たちの指導者と同じチームにいる証拠となったからです。

これは人間の絆としては最強のものです。一緒に敵との戦いに加わり、敵に対して一緒に働きかけ、敵に関する考えも共有しているのですから。

サラ・ペイリンは二〇〇八年に共和党員として副大統領に立候補して敗れたあと、共和党のエスタブリッシュメントをさまざまな架空の危機の原因に仕立て上げて論争を仕掛け、かなりの支持を築き上げました。一時は二〇一二年の大統領選挙で対抗馬になるとみなされていたのですが、その後、経験不足と、能力不足を露呈し、二〇一一年にはFOXニュースの最高経営責任者だったロジャー・エイルズにまで「彼女は馬鹿だ！」と言われています。[269]

ジェレミー・ハイマンズとヘンリー・ティムズはその著書『NEW POWER』（邦訳・ダイヤモンド社）の中で、ドナルド・トランプが支持者を刺激するやり方を次のように述べました。

トランプは分散化した巨大なソーシャルメディア軍の指導者となった。ソーシャルメディアはトランプから話のきっかけをもらい——トランプに新たな攻撃のための物語や台詞を与えるようになったのだ。両者は深い共生関係にあった……。トランプが大衆の力を操れたのは、自分のツイートを読むように言ったからではなく、トランプの価値観に沿って活動することを奨励したからだ。彼は権威主義的な目的を実現するために新しい技術をマスターした

「プラットフォームの独裁者」なのだ。[270]

ここでのパラドックスは、トランプが攻撃されればされるほど、彼と支持者との絆が強まることです。彼らはトランプを応援しているだけではありません。ソーシャルメディアを使ってトランプを擁護するという任務を軍隊のような使命感を持ってともに遂行しているのです。

ソーシャルメディアやオンラインのニュース記事、オピニオン欄でささやかな批判をしたときにトランプの支持者から受ける否定的な反応の強さにショックを受けている人がよくいますが、彼らの指導者の知識不足を指摘すると、彼らはまるで戦争をしているような勢いで反撃を仕掛けてきます。劇的な例を一つ挙げておきましょう。

特筆すべきは、これらのソーシャルメディアアナリストによるとこの選挙期間中トランプのソーシャルメディアのフォロワーがもっとも増えたのは、彼の選挙運動がどん底に陥っていたとおぼしき時期だったことだ。自分なら女性器をわしづかみにしても許されると彼が豪語していた(ゴシップ番組の)「アクセス・ハリウッド」の録音テープが公開されたとき、アメリカ人の大半は足並みを揃えてトランプを批判したのだが、このときほど支持者が彼のまわりに集まったときもなかったのである。[271]

この騒動では対立を煽る指導者が感情的に攻撃されたため、次のようなことが起きました。

- 自分は対立候補から不当に扱われており、守ってもらう必要があるという彼のナルシスト的な主張が強化された。
- 支持者との絆が強まった。
- 支持者が精力的に彼のために戦うようになった。
- 棄権派から見るとこのゴシップを暴いた人も悪く見えたかもしれない。
- 誰も考えを変えなかった。ここで問題となっていたのは考え方ではなく、対立を煽る指導者と支持者の感情的な絆だった。

架空の悪者を感情的に擁護することに注力しない

対立屋は選挙を敵と味方に分かれて激しく争うものに変えてしまうため、あなたが自分の候補者を擁護しすぎると、対立屋がつくり出した危機の構図にはまり込み、感情を煽る争いに燃料を投下し、思考の阻害や感情的な反応を強化することになってしまいます。有益な情報よりも、攻防の方が重要になってしまうのです。

また、攻防の点では対立を煽る政治家にはどうやってもかないません。彼らはそういうことばかりしていますし、生涯をかけてその技術——幅の狭い言動のパターン——を磨いてきた場合も多いのですから。

あなたの候補者は、いかさま王が架空の悪者と決めつけた人です。ですから、擁護しようとせず、自分たちの候補者の手腕や経験、目的を説明するだけに留めましょう。そして、実質的な攻撃に対しては有益な情報で対応しましょう。危機は存在していないという事実や、本当の問題や本当の解決策についての情報を持っているという事実は往々にして有益です。

架空の危機の三段論法に関する正しい情報を提供していく

対立を煽るパーソナリティを相手に何度も法的な争いをしてきた経験からわかったことは、他の人に架空の危機の三段論法を教えるには、敵対的なアプローチではなく、正しい情報を提供していくアプローチが有効だということです。

対立を煽る政治家には本当のように「感じられる」というだけの理由で現在の状況に関する誤った情報を信じ込むパターンがあることを説明しましょう。また、本当のように感じるのは、事実に基づいた情報によってではなく、感情を煽るメディアからの情報や感情的なメッセージを繰り返し浴びているからであること、本当の問題はその政治家が架空の危機の三段論法を使っていることを伝えることです。

一例を挙げましょう。

「○○氏は誤解をしているようだ。これは悲しく危険なことだ。彼は［移民が多くの犯罪を犯している］［近隣諸国との不公平な貿易］［少数派が国を乗っ取ろうとしている］［私たちの生活に何か恐ろしい脅威が迫っている］という恐るべき危機があると信じているようだ。だが、実際には、十分な調査によって次のようなことがわかっている。［移民の犯罪は移民以外のアメリカ国民の犯罪より少ない］［近隣諸国との間に不公平な貿易はなく、サービスまで含めれば貿易黒字になっている……］［今日、少数派は私たちと異なるところよりも似通っているところの方が多い。たとえば……］［私たちが実際に住んでいる世界は○○氏がでっち上げた世界よりもはるかによい、あるいは安全だ］。別の言い方をすると、恐ろしい危機などない。［解決すべき問題はあるが、危機ではない。すでにその問題に対処するための手法や、政策、人々が用意されているのだ］［それは完全な妄想であり、今日の本当の問題とはまったく関係がない］」

BIFFとは

誰でも対立屋の嘘の発言に対応できるようになる覚えやすい方法があります。これは、私がBIFFと呼んでいるもので、簡潔で中身のある、友好的でしっかりした毅然とした（Brief, Informative, Friendly and Firm=BIFF）対応のことです。この手法は私がハイ・コンフリクト・インスティテュートのために開発し、この一二年間で何千人もの人々に教えてきたもので、家庭の揉め事や職場での対立、訴訟事件に、より生産的で穏やかに対処するのに役立てられてきました。嘘の発言や敵意のある発言のガス抜きをするにはきわめて有効です。

BIFFな対応をする手法は、新聞や編集者への手紙、フェイスブックへの投稿やツイート、その他のソーシャルメディアの投稿、怒りのメールや議論をふっかけてくるメール、対面での議論に効果的な対応をするのに使えます。対立屋の代理人や尻馬に乗って非難する人々に対処するときには特に有用です。

BIFFの事例

ここではみなさんが対立屋やその支持者から受けるかもしれない敵意のあるメッセージと、それに対してみなさんや他の誰かが使えるかもしれないBIFF対応の例を紹介します。

▼移民について

〈恐れる市民〉

「メキシコ人がこの国に流入している。彼らは強姦するし、犯罪に手を染めるし、人も殺す。あなたの候補者は国境を完全に開放し、移民への強制をなくすことを支持しているが、自分の国がどうなってもよいのか。市民が殺されてもかまわないのか」

〈BIFF対応〉

「誰もが入国を認められるべきだとか、誰にでも市民権が与えられるべきだとは私も思いません。また私の支持している候補者も国境を完全に開放し、無条件に移民を受け入れるべきだとは考えていません。あなたがそう思っているのだとしたら誤解です。私の候補者が支持しているのは穏やかな移民政策です。私たちはこれまでずっとそうしてきたように、勤勉な人には報いたいと思っていますし、ルールを守る移民には市民権を得る道を与えたいと思っています。移民が勤勉で、犯罪に関わる傾向が低いことは多くの調査が示しています」

類似した一般的な話題に対する多種多様な敵意のあるコメントやメールに対応するときは、この例や、この後の例で紹介するフレーズを繰り返して対応してください。繰り返す人が増えれば増えるほど、そのフレーズの力は強くなっていきます。

▼貿易について

〈恐れる市民〉

「われわれは貿易協定のせいで破滅しかけている！　前政権がまとめた協定は史上最悪だ。仕事が海外に流れてわが国の製造業が破壊された。わが国の経済や労働者の未来はどうでもよいのか。あなたは社会主義者に違いない！」

〈BIFF対応〉

「無駄遣いを減らし、市場の拡大をもたらす貿易協定の重要性は認めますが、あなたは誤解しています。前政権の取り決めは史上最悪のものではありません。成功している分野も多いのです。現在、国内の雇用水準は高く、製造業は史上最高水準の業績を上げています。ただ、自動化のせいで仕事の数は減っています。もちろん貿易協定はいつでも改善できますが、絶対妥協しないという態度で協定を投げ出すことは、わが国の貿易相手との関係を悪化させ、経済を不安定にする危険性があります。ほとんどの経営者は、世界経済の安定のためには安定した貿易協定が必要だと考えています」

もっと踏み込むことも可能ですが、比較的簡潔に留めておく方が効果的です。社会主義者というコメントなどにはいちいち反応する必要はありません。悪口は避け、情報に焦点を合わせましょう。

▼市政について

〈市検事〉

「あなたは市長なのだから、悪い年金制度から市を守るのが仕事のはずだが、市に都合の悪い年金制度を許可して市民や市の予算を守らないという不正を働いた。あなたの不正なやり方はいつか露見するだろう。市民集会では会う人すべてにあなたの不正が私たちを破滅させようとしているという話をしている！　誤解を招く嘘の発言はいつか露見するだろう！」

〈ＢＩＦＦ対応（市長の立場で）〉

「市検事が市の財政を心配してくださっていることに感謝します。私たちは厳しい状況に置かれていますし、私も同じような心配をしています。私の就任前になされた年金制度に関するまずい決定については数人の監査役が調査してきましたが、いずれも不正や犯罪があったという結論には達していません。ですから、市検事には過去にこだわるのではなく未来を見据えてこれからもご協力いただきたいと思っています」

市長として守りに入るのではなく、有益な情報を提供し、市検事にも敬意を払っているところがポイントです。

▼一般的な悪意

〈対立を煽る政治家〉

「私の対立候補が関心を持っていることは二つしかない。税金を上げることと、国民の家庭を壊すことだ。彼女は否定するだろうが、それは彼女が嘘をつかずにはいられない人だからだ」

〈BIFF対応〉

「私の候補者は税金を上げたり家庭を壊したりすることには何の関心もありません。彼女は苦労している家庭を支えるために○○構想などの努力を重ねてきました。あなたは誤解しています。彼女は富裕層もそれに見合うだけの税金を払うべきだと考えています。そうすれば、前政権の減税とは異なり、中産家庭の税負担が軽減されるはずだと信じています。彼女の対立候補は何にでも白黒つけたがる傾向にありますが、それはみなさんの注意を引くためです。次に彼が私の候補者のことで発言するときには、白か黒かといった極端な表現に気をつけてください。そうした極論は何の有益な情報ももたらしません」

慣れてくれば、BIFF対応をするのはそれほどむずかしいことではありません。他の人の発言の感情的な側面は相手にせず、事実に焦点を合わせるのがコツです。感情を刺激されなければ、ほとんどの人は事実に興味を持って話を聞いてくれるものです。そうすると感情的な行き違いがエスカレートするのを防ぎながら、現実を伝えることができます。情報があれば、架空の危機は解決すべき問題に変わり、存在しない問題はなくすことができます。

まとめ

感情的な反論ではなく情報を提供するような対応をすると、対立屋やその支持者が混乱を引き起こす力は弱まります。また、本当の問題の解決に取り組みやすくなることさえあります。憤る対立屋の支持派および対立屋自身を相手にするときにつきものの不毛な会話も、BIFF対応によってあっさり終わらせることができます。拙著*BIFF: Quick Responses to High Conflict People, Their Personal Attacks, Hostile Emails and Social Media Meltdowns*には豊富な例と詳しい説明が載っています。

第13章 対立屋の攻撃に負けない振る舞い方

まずはしてはいけないことから説明していきましょう。非常に攻撃的な言動に対してよくある（そして自然な）対応は、受け身になり、結果として攻撃的な人物に従ってしまうというものです。しかし、対立屋に対しては決して受け身の対応をしてはいけません。してしまうと、彼らはみなさんを踏みつけ、恥をかかせ、弱虫と呼んで、破滅させようとしてきます。彼らは一瞬たりとも攻撃の手を休めることはありません。なかには、文字どおり生きている限り決して止まらない人もいるのです。これまで何度も見てきたように、彼らは時間と権力を与えられれば与えられるほど危険性を増して攻撃的になっていくのが常です。攻撃性が弱まることはありません。

対立屋の度を越した攻撃に対するもう一つのありがちな（そして自然な）対応は、対立屋と同じように攻撃的になることですが、対立屋に対しては決して攻撃的な対応をしてはいけません。うっかりしてしまうと、その瞬間から彼らはみなさんのことを怒りっぽい、頭がおかしい、破壊的な、もしかすると暴力的な人物であると決めつけ、そして自分は良識ある、理性的な、冷静な人間だと言うのです。彼らはみなさんの攻撃的な対応のビデオを何万回でも世界に見せつけることでしょう。

対立屋の非常に積極的な攻撃に対するもう一つのありがちな（そして自然な）対応は無視することですが、相手にするのを拒否すると、対立屋はみなさんのことを逃げ出した臆病者であるとか、「真実」から目を背けようとしているなどと言って攻撃してきます。彼らはそのような根拠のない攻撃を容赦なく繰り返すことでしょう。

次に挙げるのは、選挙中に対立を煽る個人攻撃を無視しようとした例です。

スウィフトボーティング

二〇〇四年のアメリカ大統領選挙でジョージ・W・ブッシュの対抗馬として大統領に立候補したジョン・ケリーは、ベトナム戦争でメコンデルタを巡回する高速哨戒艇（スウィフトボート）の船員を束ねる海軍士官をして、勲章をいくつか受けたという経験を売りにしていました。戦後、彼は下院議員になり、その後上院議員にもなりました。

二〇〇四年の選挙運動中に一冊の本が出版されました。その本は「スウィフトボート・ベテランズ・フォー・トゥルース（真実を求める元高速哨戒艇乗り）」と名乗る水兵の集団が書いたもので、ケリーの軍歴には不正があり国を裏切っている、勲章を受けるべきではなかったと主張していました。ジョン・ケリーはそのような主張はあまりに馬鹿げているので誰も気にしないだろうと考え、何の対応もしなかったのですが、突然その非難がすべて本当のことであったかのようにニュースで取り上げられて爆発的に広がり、何度も繰り返されました。

そうこうするうちにジャーナリストたちがこれらの主張を精査し、ケリーと関係があった周囲の軍人にも数多くインタビューして、ケリーを貶めるこれらの主張がほぼ完全に嘘だったことが明らかになりました。また、スウィフトボート・ベテランズ・フォー・トゥルースとブッシュ陣営の弁護士とのつながりも見つかり、その弁護士はすぐに陣営を去っています。当時、あるジャーナリストは次のように述べました。

結局のところ、ケリー氏はあちこちで真実を拡大解釈していたものの勲章は得ていたわけで、公的な記録にも、本件に関わった事実上すべての人の証言にも反していたスウィフトボート・ベテランズは、現代アメリカ政治史上もっとも醜い中傷をしていたということになる。[272]

残念ながら、ケリー氏の陣営は選挙運動中にケリー氏を貶める申し立てが十分知れ渡るまで対応しませんでした。もしかするとそれが彼が選挙に負けた一因かもしれません。

この事件以降、「スウィフトボーティング」というのは選挙期間中にしばしば何の対策も取られないまま広まっていく不誠実な中傷攻撃を指す用語となりました。

堂々と自己主張する

対立を煽る政治家に対する最良の、そして唯一の効果的アプローチは、堂々と自己主張することです。自分（や、自分が支持する候補者）を積極的に弁護するのです。対立屋に負けないくらい精力的になりましょう。ただし、対立屋に負けないくらい他者を報復してはいけません。事実に焦点を合わせるのです。しかも、相手を攻撃したり、破滅させたりしようとせずにです。

大切なのは、事実に基づく正確な情報のみを提示することです。そのためにも、焦点を絞って、明確に、力強く（多少高圧的でも）、ただし落ち着いた話し方をしてください。

このような情報は、対立屋の攻撃を受けたら必ず、なるべく時間を空けずに発信しましょう。可能なら、攻撃されたのと同じ場所で——たとえば、同じ新聞、同じ討論会、同じソーシャルメディアで——発信してください。

最初はごく短い情報しか出せなくてもかまいませんが、できるだけ早く対応して、対立屋による間違った情報が出た直後に事実に基づいた情報が流れるようにしなければなりません。対立屋が嘘を広めたり、その嘘に尾ひれがついたりする余裕を与えないようにするのです。

どんなときでも対立屋と同じくらい精力的になってください。有益な情報を示すと同時に、力や自信を見せつけるのです。事実に基づき、冷静さを失わないようにしましょう。正確で有益な情報とその落ち着いた態度があなたの力になりますし、対立屋やその代理人たちとの違いを明確にしてくれます。

堂々と自己主張するアプローチを取ると、対立屋とその支持者はありとあらゆる手段を用いてあなたを混乱させたり、慌てさせたり、怒らせたりしようとします。悪口を言い、言ってもいないことを言ったとして責めたり、架空の罪を犯したと言ったりもするでしょう。彼らの目的はみなさんの感情に揺さぶりをかけることです。みなさんが口を滑らせたり冷静さを失ったりして、理性的に見えなくなることを期待しているのです。

これが意味するのは、みなさんは下調べをしっかりして、どんなときでも正確に応えなければならないということです。対立屋はどんなにささいな間違いや矛盾にでも食いついてきて、みなさんがいかがわしく信用ならない嘘つきであり、人々をだまそうとしているのだと「証明」するのに使います。

実際のところ、対立屋は、みなさんが何を言おうとしようと、とにかくみなさんは大嘘つきであると――あるいはペテン師だとか、金で買われた提灯持ちであると――糾弾してくるかもしれません。忘れないでください。彼らはどこまでも攻撃的であり、自分では止められないのです。このような告発にはいつも以上に事実に基づく正確な情報で対応しましょう。すでに指摘した事実をもう一度繰り返すだけでもかまいません。

この方法が有効なのは、みなさんが荒れたり、怒ったりする危険人物ではなく、理性的な人であることが伝わるためです。一度そのように認識されれば簡単には過激派扱いされたり見放されたりすることはなくなります。また、堂々と自己主張するアプローチを取っていると、架空の悪者や非難の標的にもされにくくなります。

どこにでも顔を出す

対立屋を相手に選挙戦をするのはいつでも苦しいものです。ほとんどの対立屋は本能的にメディアに精通しているため、ありとあらゆるメディアに感情的な嘘のメッセージを繰り返し垂れ流し続けます。

これに対抗するためには、彼らが使うありとあらゆるメディアに彼らと同じくらい顔を出すようにしましょう。ヒトラー、スターリン、毛沢東、マッカーシー、ベルルスコーニ、トランプ、その他多くの対立屋が大成功を収めてきたのは、彼らの顔やメッセージが「ありとあらゆる所」で見られたからだということを覚えておいてください。

もしそこまではできないということであれば、ソーシャルメディアで対立屋と同じくらいかそれ以上に発信してください。対立屋が毎日一回ツイートするなら、少なくとも同じだけツイートしましょう。彼らがフェイスブックに毎日三回投稿しているのであれば、少なくとも毎日三回関連情報を自分のサイトに投稿するのです。みなさんのメッセージはすべて事実に基づき、正確で簡潔で明確で落ち着いたものにし続けてください。

また、どこに顔を出すにしても、決して対立屋を侮辱してはいけません。間接的にであっても、ごく内輪の場であっても、たとえ一度だけでもだめです。いかさま王はそれを攻撃の材料として、自分のことは棚に置いて、あなたのことを自分の立場を悪用する不公平な人間だと責めるでしょう。彼らを侮辱しなければ、多くの人からそのことで注目され、対立屋の態勢を崩すことができます。みなさんが強く、理性的に見え、対立屋がそう見えなくなるのが、堂々と自己主張するアプローチの隠れた力なのです。

事実を繰り返す

私たちの脳は単純なフレーズに非常に弱く、何度も繰り返されると、望むと望まないにかかわらず覚えてしまうようにできています。広告にちょっとした音楽を入れるととてもよく効くのもそのためです。

これまで見てきたように、このような繰り返しはいかさま王に重宝されてきました。彼らが選挙に勝てるのは、人々が信じる（少なくともまじめに話を聞く）ようになるまで嘘の発言を何百、何千回と感情的に繰り返すからです。

これに対しては、同じ事実を何百、何千回と繰り返すことで対応してください。対立屋に注意を払っていない人々や、第一印象で対立屋に好感を持ってしまった人々に声を届けるには、事実を繰り返すことが必要です。

対立屋（やその代理人）と一緒に視聴者の前に出る場合は、対立屋の感情的で極端な発言が持つ強いエネルギーに負けないようにしつつ、常に落ち着いて、率直に、事実に基づく発言をしてください。

メッセージには感情を込めてもかまいませんし、興奮して熱弁を振るってもかまいませんが、激怒、恫喝、非難、恐怖、無力感など、対立を煽る感情は込めないようにしましょう。

理想的なメッセージは、事実に基づき、感情的な繰り返しが含まれるものです。また、単純で覚えられるものにする必要もあります。

話は簡潔に

対立屋は何にでも白黒つけずにはいられない考え方をしているため、単純な（ふつうは真っ赤な嘘の）考えを宣伝するのは非常に巧みです。彼らはしばしば問題は単純なのだと信じています。ヒーローと悪者という考え方はまさにその典型です。

通常、一番覚えやすいのは三語からなるフレーズです。たとえば、二〇一六年の大統領選挙戦中、ドナルド・トランプは集会で「壁を造れ（Build the Wall）！」、「あの女を拘束しろ（Lock Her Up）！」、「腐敗の泥沼をさらえ（Drain the Swamp）！」という三つのフレーズを非常によく使いましたが、これらはいずれも三語でしたし、結局は何の意味もなかったのですが、国中の人々が覚えてしまいました。私たちの脳は、三語、四語、最大でも五語のフレーズを覚えるのが好きなのです。

対立屋とその架空の約束に反対するフレーズとしては次のようなものが挙げられます。

- 戦争ではなく貿易を！
- もっともっと仕事を！
- 子供たちに安全を！

対立屋に対抗するためのフレーズにはポジティブで穏やかな感情を生んだり暗示したりする単語を含めてください。強い感情は人々の論理的な思考を妨げてしまう傾向があります。人々を精力的にし、論理的な記憶を刺激するような思考や感情が求められます。

全員に繰り返させる

大衆の前で話すときは、その大衆の存在や力を認識し、それを活用して自分（や自分が支持する候補者）の大義や価値観を広めていきましょう。また、その機会を利用して、架空の危機の三段論法のことを教えつつ、聴衆との絆を深めていくこともできます。第5章で紹介した三つの重要な問いを掛け合い方式で問いかける好機でもあります。

- ○○は本当に危機なのか？　[大衆の対応] 違う！
- ○○は本当に悪者なのか？　[大衆の対応] 違う！
- ○○は本当にヒーローなのか？　[大衆の対応] 違う！
  [適宜追加してください]
- それなら、○○のために○○に投票しよう！　[大衆の対応] そうだ！

このような掛け合いは、人々のポジティブな感情や力を結びつけます。

まとめ

対立屋のどこまでも攻撃的な言動に立ち向かうには、堂々と自己主張するアプローチが必要です。簡単に言うと、私たちの社会は空想と現実を混同し始めています。人類が生き延びるために敵味方に分かれたり非常に攻撃的になったりする必要があったのは大昔のことで、現在の私たちは密接につながり合っていますから、個人や集団、とりわけ文化の立役者によるどこまでも攻撃的な言動を許容する余裕はないのです。

私たちは、敵対的にも協調的にもなれる社会的なDNAを持っています。私たちが、自分たちの指導者や自分たち自身に、あまりにも攻撃的な言動をしたり、そのような言動をするぞと脅したりするのを控えさせることができれば、長期にわたって生き延びられる可能性ははるかに高くなります。それができるかどうかは、世界市民であり有権者でもある私たち次第なのです。

第14章 メディアやフェイクニュースにだまされない

自由で独立した報道機関は、民主主義にとっても、対立を煽る政治家の力を制限するためにも、なくてはならないものです。本書で取り上げたいかさま王たちの多くは、自分たちの権力を強固にし、民主主義を排除するための重要な手段として、すぐにジャーナリストを管理、支配する方向に進みました。いかさま王たちの中にはジャーナリストを拘束したり殺害したりしている者もいれば、「フェイクニュース」と呼んでこき下ろしている者もいます。

「フェイクニュース」という言葉が最初に使われるようになったのは二〇一六年のアメリカ大統領選挙のときでした。フェイスブック広告では自分のウェブサイトで稼いだクリック数に応じた支払いが受けられたため、マケドニアの小さな町に住んでいた一部の人々がフェイクニュースの記事を生成して膨大な数のユーザーを引き込んでいたといわれています。その見出しは「教皇フランシスコに世界が震撼、ドナルド・トランプを大統領に推す」とか「ヒラリーのメール流出疑惑のＦＢＩ捜査官、無理心中らしき死体で見つかる」のように、完全なでっち上げでした。[273]

こうして捏造された記事がトランプの当選の見込みを高めていた可能性もあるのですが、トランプはすぐに「フェイクニュース」という言葉を取り入れて、アメリカの主要ニュースメディアを攻撃するために使いました。トランプの支持者たちは彼に批判的なニュース記事にますます懐疑的になり、反対派たちは予想通りに激怒したり、幻滅したり、呆気にとられたりしました。こうしてトランプは有権者の四分割を生み出すことに成功したのです。

トランプのやり方に不意を打たれたニュースメディアは、どう対応すればよいのかわからず、最初のうちはインターネットで広く取り上げられているからという理由で、入ってくるニュースをひたすら繰り返していました。その中には出どころのあやしいものも含まれていました。彼らが信憑性を無視してトランプのすべての発言を繰り返していたのは、彼が大統領候補だったからであり、後には大統領になったからですが、やがて一部の報道機関がある種のニュース記事には嘘の疑いがある、実は嘘だったと指摘し始めました。また、単に政治家が何を言ったとか、それに対する有権者の感想はどうだったということを報じるのではなく、争点を深く掘り下げていく報道機関も出てきました。

メディアもあれは間違いだったと、大いに反省したのです。彼らは対立屋がいかに同じチームの人々を激しく攻撃するかわかっていなかったのです。

世界中のメディアが、事実にではなく、いかさま王とその尻馬に乗る人々が煽る感情に焦点を合わせるよう誘導されてしまったというのが私の結論です。ラジオ、テレビ、ソーシャルメディアなど、顔や声を重視するニュースメディアでは特にそうです。幸いなことにオールドメディアはそれでも事実確認の調査や事実に基づいた報道を追求してきました。

フェイクニュースを流すニュースメディアが台頭しつつあるように見える状況に本気で対処するには、ニュースメディアもそれを利用する私たちも、次の一〇項目を自問すべきです。

▼フェイクニュースを分析するための10の質問

1 このニュースは本当に正しいのだろうか。本当に危機なのだろうか。
2 ニュースの背景はどうだろう。状況を適切にあらわしているのだろうか、それとも例外的な話なのだろうか。
3 数字や統計はどうなっているのだろうか。
4 専門家も同意しているのだろうか。同意している、あるいは同意していない理由は何なのだろう。
5 ニュースソースは信頼できるのだろうか。
6 他のニュースはどう言っているのだろうか。
7 非難されている人物や集団は本当に悪者なのだろうか。そもそもこの問題と関係はあるのだろうか。
8　危機らしきものについて語っているこの人物は本当にヒーローなのだろうか。
9　その人物はこの話をすることで個人的な利益を得るのだろうか。
10　この話は、その人物の言動を本当に反映したものなのだろうか。

私たちが日常得られる情報が、私たちの扁桃体を乗っ取って気を引くことしか考えていない感情を煽るニュース「速報」ではなく、ここで挙げた質問とその答えのような形で伝えられればよいのですが、私たちにも選択肢があります。私たちは感情を煽るニュースを見るのをやめて情報を提供するニュースを探し求めることもできます。どちらを選ぶかは、私たち次第なのです。

CONCLUSION

おわりに

私たちの安全を守り続けるために

これからも世界には対立を煽るリーダーや政治家が常に出てくることでしょう。こうした危険な人たちを理解して抑え込み、これ以上の権力を与えないようにしなければ、人類に対する最大の脅威となります。彼らのパターンを理解し、本書で説明したような手法を実践する人が増えれば増えるほど、私たち全員が安全になります。

これは私たちが解決して過去のものにできるような問題ではありません。あらゆる病気を克服して、医療も人類の免疫系も不要になるようなことがありえないのと同じことです。人類が存在する限り、その七〜八%くらいはソシオパスやナルシスト（あるいはその両方）になるものですし、その一部はいかさま王・対立屋となって、否応なしに無限の権力を求めるものなのです。

ただし、みなさんはもう彼らのパターンを知っています。彼らが非難の標的を際限なく攻撃し続けることも、架空の危機の三段論法を用いて支持者を集めることも、感情戦を用いて反対派を分断し、自分に逆らったり、自分にとって不都合になった身近な人々をこき下ろしたりすることもわかっています。彼らは誘惑し、攻撃し、分断して、支配します。私たちはこのようなパターンをできるだけ早く見分けなければなりません。私たちはもう見分けられるはずです。忘れないでください。これは政策ではなくパーソナリティの問題です。

ヒトラー時代のドイツのように、いかさま王はきわめて深く比類のない歴史的な恨みを利用して権力を握ってきただけのように見えるかもしれませんが、感情戦と架空の危機の三段論法にまつわる対立屋の理論を分析すると、過去一〇〇年間の対立屋は、「誰をどれほど馬鹿げたやり方で標的に選んだ場合でも」最新のバイラルメディアを活用して自国の人々をきわめて恐ろしい戦闘部隊に変えてきたことがうかがえます。現代では、深い歴史的恨みではなく、この分断や分裂のやり方を教えるバイラルメディアの力こそが対立屋を支える原動力となっているかもしれないのです。だからこそ対立屋に権力を与えないように用心して免疫をつけることが、これまで以上に世界各地で重要になっているのです。

私たちは、どの国のどの世代であろうと誰もが対立屋の力学を学び、理解する必要があります。また、彼らに権力を握らせないよう積極的に働きかけていく必要があります。私たちの肉体が常に抗体をつくり、循環させる必要があるのと同じことです。

私たちは立ち止まったり、ぼうっとしたり、対立を煽る政治家の脅威はもはや喫緊のものではないとか、政治で大切なのは政策であってパーソナリティではないと想像している場合ではないのです。そのようなことをした途端、次の対立屋が門からなだれ込んできて権力を掌握してしまいます。一般論としては世界の情勢がかつてないほどよかった二〇〇〇年代にこれほど多くのいかさま王が生まれたのはおそらくそのせいです。私たちがナルシストやソシオパスに注意を払わず、危険な人たちに対する免疫を維持してこなかったから、彼らが私たちのまわりで注目を集めるようになっているのです。

とはいえ、私たちが自覚して、自分たちの文化に適切な防護策を構築し、玄関の鍵や街中の警官のように当たり前のものにすることはできます。私たちの自由や民主主義、そして健康や安全は、それができてようやく先々まで守られるようになるのです。架空の危機や悪者、ヒーローを売り物にする対立を煽る政治家に分断されないようにするのは私たち全員の協力次第です。

解説

「危険人物」の毒牙にかからないために

中野信子

なぜ、私たちはソシオパスやナルシストなどの危険な人物に惑わされ、その人たちを支持してしまうのでしょうか。そして少なくともある一定の期間は、彼らに好意を寄せ、ついていこうとか、頼りがいがあるなどと思ってしまうのでしょうか。客観的に見れば、実に不思議なことです。

本書では「パーソナリティ障害」、とりわけ反社会的な行動や気質を特徴とするソシオパスと、自己愛的行動や気質を特徴とするナルシストのパターンを見分けるための情報や実例を紹介しています。パターンさえつかめば、こうした危険人物を見分けるのはそれほど難しいことではありません。

本書ではソシオパスとナルシストの両方の特性を持つ人物を「悪性のナルシスト」として、最もリーダーとして選んではいけない人物としていますが、その「悪性のナルシスト」がサイコパスと言ってもいいでしょう。本書には、全人口の七～八％くらいがソシオパスやナルシスト（あるいはその両方）のパーソナリティ障害を持っているとあります。

共感能力や罪悪感の欠如、どこまでも冷淡で自己中心的、一見有能で魅力的に見える、といった反社会的パーソナリティ障害の特徴は、実際、社会的地位の高い人に多く見られます。織田信長、毛沢東、ピョートル大帝などの歴史的な人物をはじめ、アメリカ歴代大統領にも反社会的パーソナリティ障害を疑われる人がかなり含まれていると思われます。

本書の著者は離婚訴訟などの身近な事例から、パーソナリティ障害が大きな社会的な被害をもたらしていることに気づき、啓蒙活動を始めたと言います。私も同様の動機から、二〇一六年にサイコパスについての本を出しました（『サイコパス』文春新書）。

大事なことは、こうした人物についての正しい情報を共有し、彼らに利用されたり虐待されたりするのを避けつつ上手に共存していくことです。本書のメッセージは危険人物に権力を握らせないようにしようというものですが、まずは、身近な危険人物から身を守ることも大事なことです。ここでは私の方から補足的に身近にいるかもしれないサイコパスについての研究をいくつかご紹介したいと思います。


私がサイコパスについての本をものしたとき、まず、反応があったのは女性たちからでした。自分の夫はサイコパスであったのではないか、上司は、ママ友は、友人だと思っていたあの人は……等々。中でも大きかった声は、自分の付き合っていた相手がサイコパスだったと思う、というものでした。

どうして女性は、共感的なやさしい男性ではなく、サイコパスのような男性を選んでしまうのでしょうか。その理由について、示唆を与える研究があります。

まず、イギリスのリバプール大学を中心とした研究グループによる実験です。サイコパスを含む複数の男性の顔写真を被験者の女性たちに見せ、「誰が最も男らしいか？」を答えさせるという課題をやってもらいます。その結果、被験者の女性たちはサイコパスの方をそうでない男性よりも「男らしい」と判断したのです。

これだけでは単に「男らしい人」＝「サイコパス」ということなのか？　という結論になってしまいそうですが、さすがにそこまで話は単純ではなく、この問題をより深く掘り下げるためになされた別の研究があります。ドイツのヨハン・ヴォルフガング・ゲーテ大学の研究グループのリサーチです。

大学に在籍する成人男性九六人と、少年院に収容されている男性一四人を対象として、顔の形状の調査をしました。この調査は、顔の縦と横の長さの比率を比較するというものです。すると、横幅の比率が大きい男性ほどサイコパシー傾向が高い、ないしは反社会的性向が高い、という結果が出たのです。つまり、顔が細長い男性よりも、横幅があってごつい印象の顔の男性の方がサイコパスである可能性が高いということを意味します。

別のグループの実験でも、同様の傾向を示す結果が出ています。カナダのブロック大学の研究チームが、一四六人の男性と七六人の女性を被験者として、あるゲームをしてもらい、そのゲームでズルをする確率が高いかどうかを顔の縦横比で調べるという実験を行っています。こちらも、横の比率が大きい人ほどズルをする傾向があり、サイコパシー傾向も高いという結果になっています。ただし、女性ではあまり相関関係がなかったそうです。

これらの結果は一体何を意味するのでしょうか？　総合的に考えると、以下のような仮説が成り立ちます。これまでの研究から、男性ホルモン（テストステロン）濃度が高いほど、顔は横に広くなる傾向があるとされています。また、テストステロンの分泌が多いと、競争心や攻撃性が高まることが証明されています。一方、サイコパスは過度の暴力性を秘めていますから、テストステロンの分泌量と何らかの関係があるのではという考え方があります。

本書では、「危険な人物」に対抗するための人間関係を構築する要素として「強く精力的であること」を挙げています。「独裁的リーダーの魅力について調査すると、有権者は強い指導者の方が安心安全だと感じている」というのです。そして「このことはどの政策、どの政党よりも重要なのでしょう」と述べています。肉体的な力強さが「頼れる人、守ってくれる人」というイメージと直結しやすいのは世界共通の傾向でしょう。

一方で日本では一九九〇年代後半ごろから、一重で面長、色白のヘビ顔男子がモテるとして雑誌などで類型化されていきました。共感性にとぼしく、情よりも理性を重視し、時にサディスティックに振る舞い、女心を弄ぶ。確かに、そんな男性は、膂力では頼りになるかどうかは不明であるものの、判断に迷うような局面では合理的に迅速に冷静な決断を下してくれそうで、実に頼りになるように見えることでしょう。私たちの文化圏における男らしさとは、肉体よりもこうした側面に重きが置かれているのかもしれません。

話を戻しましょう。実際、サイコパスたちを観察すると、非常に積極性が高いということが明らかになっています。言い換えれば、その場に介入してイニシアチブをとろうとする傾向が強いともいえます。ノルウェーのチームの研究報告では「サイコパスは場をコントロールしているために、不安が低いのではないか」という推論もなされています。

不安という切り口からサイコパスを見た場合、他にも興味深い研究があります。基本的にはサイコパスたちは不安感情が低く、痛みを感じにくいという特徴があります。つまり、多くの人が不安や緊張で身動きが取れなくなってしまうような状況下で、サイコパスたちは冷静でいることができ、情に流されずに合理的な決断をすることができるというわけです。そういった部分を見て、多くの人は好感と憧れの気持ちを強くし、支持をするのだろうと考えられます。

また、サイコパスたちは共感性は低いものの、相手の目から感情を読み取るのは得意です。たとえば彼らに飢餓に苦しむ人や痛みを感じている人など、普通の人ならば目を背けるような悲惨な画像を見せても、感情と関連する部分の脳は活性化しません。ようするに、目の前で苦しんでいる人がいても、まったく共感しないどころか、心がちくりとも痛まないということです。

アメリカの国立精神衛生研究所（ＮＩＭＨ）の精神医学者ジェームズ・ブレア、デレク・ミッチェル、カリナ・ブレアの三人の著書である『サイコパス　冷淡な脳』によれば、他者の悲しみに対する自律神経の反応が、サイコパスでは一般人よりも薄いといいます。また、表情や音声から他者の感情を読み取る実験を行うと、「怒り」「喜び」「驚き」といった感情については一般人と同程度に読み取れるものの、「恐怖」「悲しみ」を察する能力には欠けていることが明らかになっています。

しかし、他者を騙して利用する、詐欺を働くにしても、相手の心情がまったく見抜けないのであれば、それは不可能なはずです。他者の心をつかむには、相手の感情を推測する必要があります。

サイコパスは共感性が低いのに、なぜ他人の心を弄ぶことが可能なのでしょうか。

実はサイコパスは、共感することは苦手でも、相手の目つきや表情からその人が置かれている状況を読み取るのは得意なのです。ぞっとするような話かもしれません。

人間の目のあたりだけの写真を見せて、その人の感情を読み解かせるという実験があります。一般人の正答率は三〇％ぐらいであるのに対し、サイコパスの正答率はなんと七〇％にもなりました。

つまり他人の目つきを見て、その人が悲しんでいたり、苦しんでいたりするのを、理解することはできるのです。サイコパスは、自分自身が共感することはないけれども、他人がそのような状況に置かれているということを読み取ることは得意なのです。

逆に、一般の人がサイコパスの目から感情や考えを読み取ろうとしたらどうなるでしょうか。この場合は、うまくいかない、という実験結果が報告されています。なぜなら、サイコパスは感情を表に出すことはないからです。

たとえば、まばたきの頻度は、その人物が不安をどのくらい制御できているかに関して信頼できる指標だとされています。まばたきの回数が多い人は、不安をコントロールできていないわけです。サイコパスは、一般人よりもまばたきの回数が少ないという特徴を持っています。

さて、「共感はしないが理解は得意」というサイコパスの特徴について、もう少し掘り下げてみましょう。

犯罪心理学者のロバート・ヘアは、ボランティアの被験者に文字列を見せ、文字列が単語になるかどうかをできるだけ速く判断させるという実験を行っています。実はこれは判断力の速さを測定する実験ではなく、単語の意味に対してどんな心理的反応を示すのかを見る実験なのです。

普通の被験者は「t-r-e-e」（木）のようなあたりさわりのない言葉では変化がなかったものの、「r-a-p-e」（レイプ）のように不安感を掻き立てる単語には強い反応を示しました。しかし、サイコパスの場合、ありふれた単語だろうと扇情的な単語だろうと、まるで変化が見られなかったのです。別の実験ですが、「私はあなたを愛している」と言うときと「コーヒーを飲みたい」と言うときでも、脳の働きに有意な差がなかったのです。

異常心理学が専門の広島大学の杉浦義典准教授の著書『他人を傷つけても平気な人たち』によると、サイコパスのふるまいは「学校の国語の試験問題を解いているようなもの」と述べられています。「この人はどういう気持ちだったのか、何文字以内で書きなさい」という設問は国語の問題によくありますが、あたかもそれを解くかのように、人に接しているのだというのです。国語の試験問題は「その人の気持ちが本当にわかるかどうか」よりも「文脈から類推して該当箇所を見つけ出す」という性質のものです。共感性などまるで必要がない、むしろない方が冷静に判断でき、点数が高くなるというものです。サイコパスにとっては、人間とのコミュニケーションはそれと同じ作業であるというわけです。

サイコパスは自分に共感性がないことに気づいています。ただ、他者に対して共感的なふるまいをまったくしなければ、何かと自分にとって不利になるということを冷静に理解はしています。そのため、あたかも試験問題を解くがごとく、共感性とは他の回路を使って、他者から共感的に見えるように対応するのです。この達人ともなれば、人の弱点を即座に見抜き、コントロールできるという恐ろしい技術を持っているということにもなります。

たとえば、こんなことをする人があなたの周囲にいないでしょうか。

まず、相手に貸しをつくる。お金で困っていたらお金を、人脈で困っていたら人脈を提供する。頼まれなくても親切にする。関係の初期段階ではとにかく「この人はいい人だ」「自分を助けてくれて、本当にありがたい」と思わせる。

ところが、ある程度の信頼関係ができたところで、脈絡なく、あるいは非常に些末なことでキレる。

「あんなによくしてくれた人が怒ったということは、自分は何か悪いことをしたのかな？」

本当は謝る理由はないのに、関係を維持するために謝っておこうかな、という気持ちになってしまう。

こうして相手が下手に出てきたところで言いがかりや難癖をつけて「あんなによくしてあげたのに、どういうこと？」などと怒る。普通の人は、恩のある人物から嫌われたくないですから、焦って謝る。

するとまた態度を豹変させ、謝罪を受けいれ、さらには「そういうことができるのは、あなただけですよ」などと自尊心をくすぐるようなほめ方をしてきたりする。そのようにして被害者を「よかった。次から気をつけよう」などと思わせる。

こうしてアメとムチを何度か繰り返し、段々と無理難題をつきつける。被害者側の怒られたくない、嫌われたくないという罰を回避する気持ち、ほめられたい、またいい思いをしたいという欲望を巧妙に刺激し、借りがある人には何かお返ししなければならないという「好意の返報性」を悪用することで、上下関係を完成させてゆく……。

職場や恋愛など、狭い人間関係のなかで、ときに「認められたい」という気持ちを充たされ、ときに激怒によって自省を強制されるうちに、次第にその人の様子を窺いながら行動するようになってしまうのです。極端な場合には、その人物の許可なしには行動できなくなっていきます。

サイコパスはこうしたテクニックに長けています。冷徹に〝カモ〟の目や表情から心情の揺れ動きを読み取り、ここまではいじめて大丈夫、ビクビクしたところでここを持ち上げれば〝落ちる〟といったことをコントロールするわけです。

二〇一二年、アメリカとカナダの研究チームが約一〇〇〇人を対象にした実験と調査から、お金持ちで高学歴、社会的地位も高い人ほど、ルールを守らず反倫理的なふるまいをすることを、アメリカ科学アカデミーの紀要に発表しています。「ゲーム」と偽り、サイコロの目に応じて賞金を出す心理学的な実験をした結果、社会的な階層が高い人ほど、自分に有利になるように、実際よりも高い点数を申告する割合が高かったというのです。

一見、魅力的で、冷静で大胆で決断力のある、頼りがいがあるように見えるこうした危険な人たちの毒牙にかからないようにするためには、どうしたらよいのでしょうか。

近づいてしまえば、その人を疑うという力すら奪われてしまう可能性がありますから、なかなか一筋縄ではいきません。また自分が標的になっているわけではなくても、第三者的に見て「罠にかかっているな」という人に対して不用意に忠告をしてしまうことで、かえって逆効果になってしまったり、忠告をした人がサイコパスの怒りを買って陥れられてしまったりと、危険な目に遭ってしまいかねません。本書の著者も、パーソナリティ障害を疑われる本人にそのことを言ってはいけないと注意しています。「パーソナリティ障害を持つ人は反省もしなければ自分を変えようとも思いません」。

ゆえに、最も重要なことは、サイコパス、ソシオパス、ナルシストとはどんな人たちなのかをよく知り、その標的になったり、都合よく利用されたりしないように、冷静に客観的に振る舞う準備をしておくことです。

（脳科学者）

付録A　対立を煽る危険人物の40の言動リスト

ビル・エディ著 *5 Types of People Who Can Ruin Your Life: Identifying and Dealing with Narcissists, Sociopaths and Other High-Conflict Personalities* より抜粋。

対立を煽る危険な人たち（対立屋）はあらゆる人間関係を本質的に敵対的なものとみなす傾向があります。そのため、「何にでも白黒つけずにはいられない考え方」「むき出しの感情」「他の人への非難」「極端な言動」という四つの主要な特徴のほかに、一般的に考えてこの人は対立屋だろうと予測できてしまう典型的な言動が少なくとも四〇はあります。住んでいる場所や知的レベル、職業、社会的立場によらず、彼らには次のような特徴があります。

1　自身の言動を反省しない。
2　自分が問題の一部になっていることを見抜けない。
3　自分の言動の理由を理解しない。

4 自分の言動を変えない。
5 カウンセリングを受けたり、本当の助言を求めたりしない。
6 短期的には（当初の魅力や説得力が効いているうちは）成功する理由や、長期的には（現実が入り込んでくると）失敗する理由を理解しない。
7 人に変わるように言われると、激しく自己弁護する。
8 自分はこの状況で必要とされる、ふつうの言動をしていると主張する。
9 言葉遣いは正しい場合でも、他の人への共感に欠ける。
10 注目を集めることばかり考えている。
11 過去のことばかり考えて、ひたすら自身の行為を弁護し、他の人を攻撃する。
12 外面がよすぎて、ネガティブなパーソナリティが見えなくなる。
13 不適切な発言ではないかと言われたら、他の人がおかしいと言う。
14 他の人をいじめておきながら、いじめられているのは自分だと言って自己弁護する。
15 実にささいな、あるいはありもしない理由で、他の人を非難してばかりいる。
16 反省に労力をかけないので他の人を非難するだけの精力があり余っている。
17 非難の標的を持っている。親しい他人の場合もあり、権威ある立場の人々の場合もありうる。
18 非難の標的を一人に絞って、その人をコントロールしたり、排除したり、破滅させようとする。

19 非難の標的への攻撃は、金銭的なものかもしれないし、評判や法的、肉体的なものかもしれない。

20 非難の標的に対して行政ないし法的な手続きを取ることもある。

21 他の人の非難や自分自身の弁護を手伝ってもらうために、絶えず「尻馬に乗って非難してくれる人々」を探している。

22 尻馬に乗って非難してくれるはずの人々が言ったとおりにしてくれないときは、あっさり背を向けてしまう。

23 他の人には忠誠を要求し、してもらう必要があることを指示する。

24 本人に忠誠心はない。裏切られたと言うだけ。

25 本人は非常に隠し事が多いのに、他の人には秘密を含めた情報の全開示を要求する。

26 自分の得になるなら他の人の秘密を漏らす。

27 なぜ多くの人々がいずれ「自分に背を向けるのか」本気で解せないと思っている。

28 家族や親友であっても、あっという間に敵になる。あとから関係を修復しようとすることはあっても。

29 時が経つにつれて、本当の友人といえるような人はほとんどいなくなる。

30 めったに満足しない。人々が全面的に同意してくれたときは別。

31 人間関係が煮詰まる。最初は強く引きつけられ、最後には強い恨みを抱くようになる。

32 仲間には非現実的なほど高い期待を寄せるが、誰もそのような期待には応えられない。
33 自分の得にならないことをして自滅する。
34 自分が解決に向けて努力すると主張している問題の多くを自分で生み出す。
35 自分がしていることや考えていることを他の人にも投影する。
36 自制するのが最善のときでさえ自制しない。
37 物事を衝動的に行う。そのことを後悔するときもあれば、しないときもある。
38 人には多くの頼みごとをするが、それに報いたりはしない。
39 頼み事をされると、関係ないことを要求する。頼み事を完全に無視した要求もしばしば。
40 身の回りの人々をよいところしかない人と悪いところしかない人に分断し、多くの対立を引き起こす。

これらの言動がどこまで強烈なものになりうるか、またどれほど予測しやすいかを知ると一般的には驚かれるのですが、対立屋の四つの主要な特徴を見分けられるようになると、そのような人物を避けたり、本書で説明した手法を使って状況を何とかすることに注力したりできるようになります。

付録B 対立を煽る政治家の採点表

対立を煽る政治家は、選挙に勝ってはとんでもない間違いを犯し、その悪事によって失職したり、対立を煽る決定をしたりして国家に多大な損害を与えてきました。ここでは対立を煽る政治家の徴候を見つける一助となるよう、候補者になりそうな人を検討する際に役立つ短いチェックリストを用意しました。

観察される特徴	よくある言動のパターン								
	まったくない	少し		ほどほど		しばしば		終始	
個人攻撃	0	1	2	3	4	5	6	7	8
危機を訴える感情	0	1	2	3	4	5	6	7	8
何にでも白黒つけずにはいられない	0	1	2	3	4	5	6	7	8
自分のことで頭がいっぱいになっている	0	1	2	3	4	5	6	7	8
他者への共感に欠ける	0	1	2	3	4	5	6	7	8
他者を不当に評価する	0	1	2	3	4	5	6	7	8
自身を偉大なヒーローとみなす	0	1	2	3	4	5	6	7	8
他人とうまくつきあえない	0	1	2	3	4	5	6	7	8
合 計 ＝ ________									

この採点表は候補者を比較するときの指針として用意したものであり、研究に基づいたものではありません。対立を煽る言動の基準は、見る人によってかなり変わります。「理性的な」人と「対立を煽る」人を区分する明確な境界線はないのです。選挙によっては二人の候補者の双方がこの採点表で高得点を取ったり低得点だったりすることもありますし、もっとわかりやすく、一方が低得点で一方が高得点という状況になることもあります。ここに挙げた行動について考えてみるだけでも、対立を煽る政治家が連邦や州、地方レベルの選挙で繰り出してくる中傷広告などの選挙操作に引っかかりにくくなります。

付録C　有権者の四分割図（書き込み用）

次のページに掲載した穴埋め用の図は、みなさんに未来の選挙を分析したり過去の選挙を振り返ったりしていただくために用意したものです。例として第8章の［図5］「2016年のアメリカ大統領選挙」を参照してください。登場人物とその役割、得票率が書かれています。

有権者の4分割（自分で埋めてください）

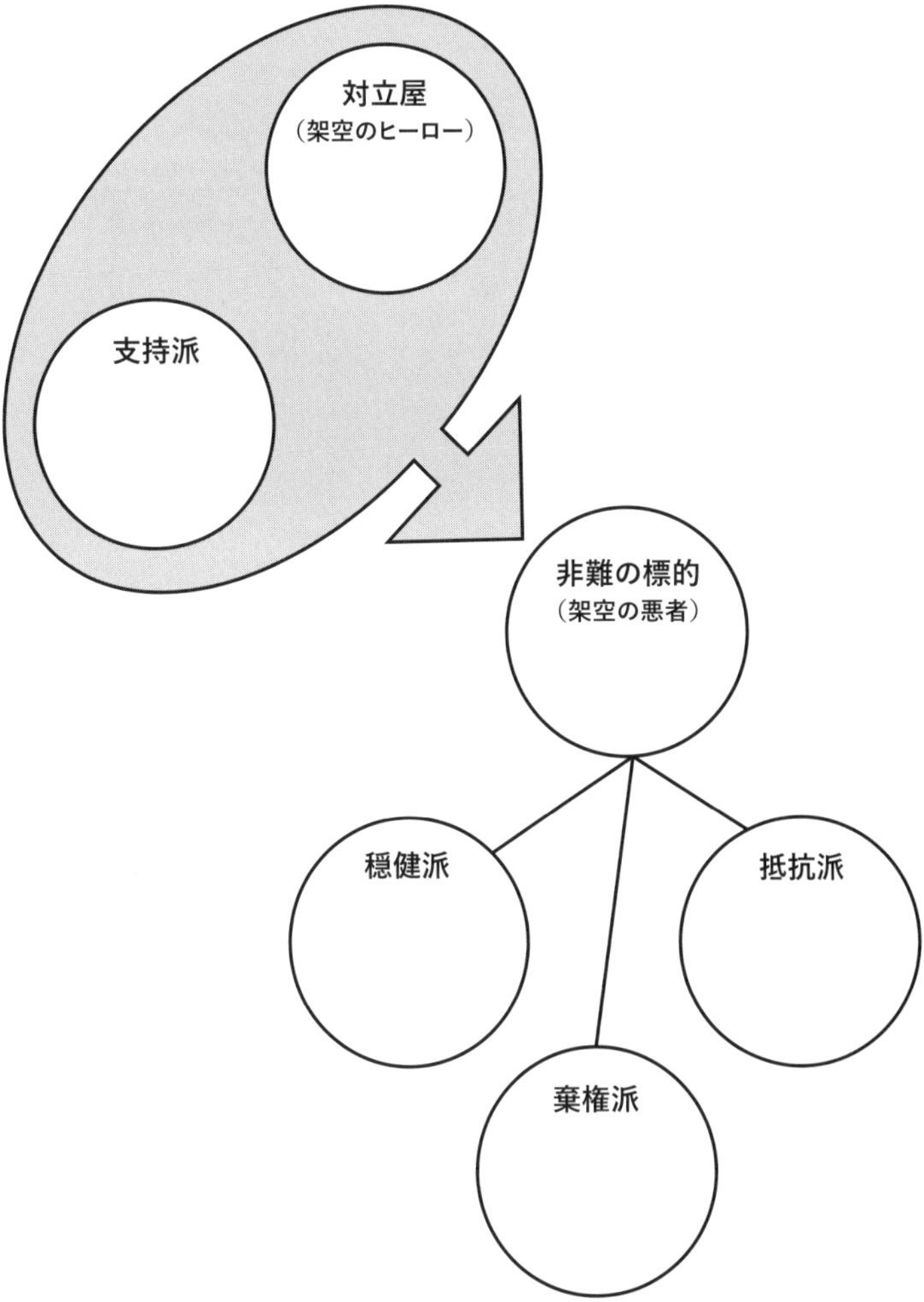

付録D　架空の危機の三段論法——世界の例

この表は、本書の第2部で取り上げた一一人の指導者による架空の危機の三段論法をまとめたものです。彼らは過去一〇〇年間に多数登場したいかさま王のほんの一部でしかありません。彼らは感情を煽るメディアを駆使して自国に損害を与えたり破壊したりしてきました。この一覧が示すとおり、この三〇年でいかさま王がもっと増えていく可能性が高まっています。

架空の危機の三段論法 世界の事例(2019年1月時点)

(本書第2部より)

場所と年代	架空の危機	架空の悪者	架空のヒーロー	感情を煽るメディア	人々や民主主義への被害
ドイツ(一九二〇~一九四五年)	政府の「裏切り」による第一次世界大戦敗戦、ユダヤ人移民の流入	ユダヤ人、共産党、社会民主党	ヒトラー	メディアを統制。ドイツの家庭内にいる全員に絶えずラジオで演説	第二次世界大戦開戦により5500万人以上の死を引き起こした
ソ連(一九一七~一九五三年)	帝国政府、飢饉、集団農場化への抵抗	皇帝、富農〈クラーク〉、反革命運動、西側諸国、スパイ、すべての人々	スターリン	メディアを完全に統制。絶え間ない演説	2000万人以上の死を引き起こした
中国(一九三五~一九七六年)	中国政府と地主たち、集団農場化への抵抗	国民党、集団農場化に反対する農民、都会のエリート	毛沢東	メディアを完全に統制し、至る所にエアブラシをかけた自身の写真を掲載。公共の拡声器を用いて、あらゆる所に声を届けた	(おもに彼が原因の飢饉によって)4000万人ほどの死を引き起こした
ロシア(二〇〇〇年~現在)	同性愛のプロパガンダ、西側文化、アメリカの政治家	政敵は政府にはびこる小児性愛者、同性愛者、ヒラリー・クリントン、ジョージ・ソロス、マイケル・マクフォール米国大使	プーチン	就任1年後にはメディアを統制。メディアのオーナーを排除。架空の危機について絶えず演説	数は不明ながら政敵の死や投獄、失踪を引き起こし続けている。非民主的な選挙を統括。知事や多数の国会議員を任命

架空の危機の三段論法 世界の事例（2019年1月時点）

（本書第2部より）

場所と年代	架空の危機	架空の悪者	架空のヒーロー	感情を煽るメディア	人々や民主主義への被害
ハンガリー（二〇一〇年〜現在）	EU、移民、西側による被害者扱い、伝統的な家族の価値観に対する攻撃	ムスリム移民、ジョージ・ソロス、EUや西側諸国の高官	オルバーン	メディアを抑圧。メディアの取締官を統制、ニュースを視覚的に操作	裁判官の選択を統制（現在では全員がオルバーン配下の人々によって任命）、選挙区を自党に有利なように再編
ベネズエラ（二〇一三年〜現在）	裕福な地主や実業家、人民革命の敵	石油業界、裕福なベネズエラ人、反革命運動、アメリカ、ドナルド・トランプ	マドゥロ	主要テレビ局を閉鎖、長い演説を絶えず行う	民主的に選出された議会を自身の「憲法制定会議」に置き換えた
イタリア（一九九四年〜現在）	旧社会党やリベラルによる激しい増税。特権の剥奪	旧社会党、リベラル	ベルルスコーニ	三大テレビ局を所有、「自分は政界のイエス・キリスト」であるという自己宣伝を絶えず放映、テレビの視聴者や広告の90%を所有	約束した生活改善は一切行わず。新たに不安定化した、より民主的でない政府が生まれる状況を創出
アメリカ（一九五〇〜一九五四年）	共産党が内部からアメリカを乗っ取ろうとしている	連邦政府や軍の至る所で働いている共産党員	マッカーシー	自分が疑いをかけた人々への攻撃的な尋問を全国にテレビ放映	人々の生活や評判を破滅させた。ブラックリストに載った人々が職を得られなくなった。隣人、同僚などへの恐怖を広く植え付けた

架空の危機の三段論法 世界の事例（2019年1月時点）

（本書第2部より）

場所と年代	架空の危機	架空の悪者	架空のヒーロー	感情を煽るメディア	人々や民主主義への被害
アメリカ（一九六八〜一九七四年）	混沌、法と秩序、共産党、ベトナム戦争に抗議する人々、「衆愚政治」	少数派や学生の反戦活動、ベトナムやカンボジアの共産党員、ジャーナリスト、政敵リスト	ニクソン	テレビやラジオでの演説を活用したが、コメント対応は許さず。少数派、反戦活動家、「衆愚政治」への恐怖を喧伝	民主党の大統領選挙運動本部への不法侵入の黒幕。連邦政府の関係機関（内国歳入庁、連邦通信委員会、司法省など）を利用してメディアや「敵」を脅迫
アメリカ（二〇一六年〜現在）	メキシコ移民の「流入」、ムスリム、ジャーナリスト、オバマケア（医療保険制度改革）	オバマ前大統領、ヒラリー・クリントン、メキシコ人、ムスリム、アフリカ系アメリカ人、中国、カナダ、EU、NATO加盟国	トランプ	日常的にツイッターを利用。頻繁に集会を開催。頻繁なテレビインタビュー。FOXニュースを自身のメディアとして活用	報道陣を恫喝し、行事から締め出すような行為。少数派に対するヘイトクライムの増加を引き起こした。司法も含めた一党独裁政権に向けて前進
まだわからない次の国（二〇〇〇年以降でもすでにいくつかの例があります）	実在しない問題を「危機」として提示。本当の問題をヒーローが必要な「危機」として提示	別の見方をする個人、少数派の人々（人口の1〜3％）、政府の「エスタブリッシュメント」、メディアや個人ジャーナリスト	次のいかさま王	絶え間ない煽動演説やソーシャルメディアでのフェイクニュースの活用、架空の危機の三段論法	独裁的支配

(『わがアメリカンドリーム：レーガン回想録』 読売新聞社、尾崎浩訳、1993 年)

261. Michelle Obama, *Becoming Michelle Obama* (Crown Publishing Group, a division of Penguin Random House LLC, 2018), 407. (『マイ・ストーリー』集英社、長尾莉紗、柴田さとみ訳、2019 年)

262. Shirer, *Reich*, 87-88 of 4174.

263. Krogstad and Lopez, "Black Voter."

264. Lauren Gambino, "John McCain: 10 Moments That Will Shape the Senator's Legacy," *Guardian*, August 25, 2018, https://www.theguardian.com/us-news/2018/aug/25/john-mccain-death-moments-life-shape-legacy.

265. Tracey Jan, "They Said I Was Going to Work Like a Donkey. I Was So Grateful," *Washington Post*, July 11, 2017, https://www.washingtonpost.com/news/wonk/wp/2017/07/11/they-said-i-was-going-to-work-like-a-donkey-i-was-grateful/?utm_term=.90be41d949fd.

266. Anna Flagg, "The Myth of the Criminal Immigrant," *New York Times*, March 30, 2018, https://www.nytimes.com/interactive/2018/03/30/upshot/crime-immigration-myth.html.

267. Michael Barbarro, "Once Impervious, Marco Rubio Is Diminished by a Caustic Chris Christie," *New York Times*, February 7, 2016, https://www.nytimes.com/2016/02/07/us/politics/chris-christie-marco-rubio-gop-debate.html.

268. Cass R. Sunstein and Reid Hastie, *Wiser: Getting Beyond Groupthink to Make Groups Smarter* (Boston: Harvard Business Review Press, 2015), 86. (『賢い組織は「みんな」で決める：リーダーのための行動科学入門』NTT 出版、田総恵子訳、2016 年)

269. Sherman, *Loudest Voice*, 324.

270. Jeremy Heimans and Henry Timms, *New Power: How Power Works in Our Hyperconnected World—And How to Make It Work for You* (New York: Doubleday, a division of Penguin Random House, 2018), 11 of 325, Kindle. (『NEW POWER これからの世界の「新しい力」を手に入れろ』ダイヤモンド社、神崎朗子訳、2018 年)

271. Heimans and Timms, *New Power*, 168 of 325.

272. Nicholas Kristoff, "A War Hero or a Phony?" *New York Times*, September 18, 2004, https://www.nytimes.com/2004/09/18/opinion/a-war-hero-or-a-phony.html.

273. Mike Wendling, "The (Almost) Complete History of 'Fake News.'" *BBC Trending*, January 22, 2018, https://www.bbc.com/news/blogs-trending-42724320.

243. Shear, "Trump Sending."
244. Maggie Haberman and Mark Landler, "A Week After the Midterms, Trump Seems to Forget the Caravan," *New York Times*, Nov. 13, 2018, https://www.nytimes.com/2018/11/13/us/politics/trump-caravan-midterms.html.
245. Greenberg, "Trump Is Beginning."
246. Charles Bethea, "Word of the Day: Stumped," *New Yorker*, April 11, 2016, https://www.newyorker.com/magazine/2016/04/11/examining-the-vocabulary-of-the-presidential-race.
247. Shawn Musgrave and Matthew Nussbaum, "Trump Thrives in Areas That Lack Traditional News Outlets," *Politico*, April 8, 2018, https://www.politico.com/story/2018/04/08/news-subscriptions-decline-donald-trump-voters-505605.
248. Ross Douthat, "Trump Hacked the Media Right Before Our Eyes," *New York Times*, March 21, 2018, https://www.nytimes.com/2018/03/21/opinion/trump-facebook-cambridge-analytica-media.html.
249. Sides, *Identity Crisis*, 374.
250. Sides, 4633.
251. Sides, 3727.
252. Sides, 1210.
253. Eric Levitz, "Here's Why Trump's Approval Rating Has Gone Up," *Intelligencer*, May 16, 2018, http://nymag.com/daily/intelligencer/2018/05/heres-why-president-trumps-approval-rating-has-gone-up.html.
254. Kareem Fahim, "Erdogan Capitalizes on Trump's Effort to Break and Isolate Turkey," *Washington Post*, August 19, 2018, https://www.washingtonpost.com/world/erdogan-capitalizes-on-trumps-effort-to-break-and-isolate-turkey/2018/08/19/3f6154ba-a17e-11e8-a3dd-2a1991f075d5_story.html?utm_term=.ca03307cb8f2.
255. Nagorski, *Hitlerland*, 3-4.
256. Nagorski, 92.
257. Jens Manuel Krogstad and Mark Hugo Lopez, "Black Voter Turnout Fell in 2016, Even as a Record Number of Americans Cast Ballots," Pew Research, May 12, 2017, http://www.pewresearch.org/fact-tank/2017/05/12/black-voter-turnout-fell-in-2016-even-as-a-record-number-of-americans-cast-ballots/.
258. Nagorski, *Hitlerland*, 69.
259. Pinker, *Better Angels*, 521.
260. Ronald Reagan, *An American Life* (New York: Simon and Schuster, 1990), 150.

trumpometer/promise/1379/cancel-paris-climate-agreement/.

228. Woodward, *Fear*, 1037 of 1354.

229. Glenn Thrush, "Trump Claims Nafta Victory but Deal Faces Long Odds in U.S.," *New York Times*, November 30, 2018, https://www.nytimes.com/2018/11/30/us/trump-nafta-usmca-signing.html.

230. Stanley B. Greenberg, "Trump Is Beginning to Lose His Grip," *New York Times*, Nov. 17, 2018, https://www.nytimes.com/2018/11/17/opinion/sunday/trump-is-beginning-to-lose-his-grip.html.

231. David Wasserman, "2016 National Popular Vote Tracker, Cook Report." Retrieved on 12/15/18 from https://docs.google.com/spreadsheets/d/133Eb4qQmOxNvtesw2hdVns073R68EZx4SfCnP4IGQf8/htmlview?sle=true#gid=19.

232. "Voting and Registration in the Election of November 2016," United States Census Bureau, May 2017, https://www.census.gov/data/tables/time-series/demo/voting-and-registration/p20-580.html.

233. Sides, *Identity Crisis*, 1844 of 9466. (All of these page numbers for Sides are "of 9466.")

234. Sides, 3226.

235. Sides, 3417.

236. Samara Klar and Yanna Krupnikov, "How to Win Swing Voters (and How to Lose Them)," *New York Times*, October 17, 2018, https://www.nytimes.com/2018/10/17/opinion/midterms-independents-swing-voters-.html.

237. Samara Klar and Yanna Krupnikov, *Independent Politics: How American Disdain for Parties Leads to Political Inaction* (New York: Cambridge University Press, 2016), 7.

238. Klar and Krupnikov, "Swing Voters."

239. Sides, *Identity Crisis*, 2401.

240. Sides, 3394.

241. David Leonhardt, "Voter Suppression Is No Excuse," *New York Times*, October 9, 2018, https://www.nytimes.com/2018/10/09/opinion/voter-suppression-minorities-republican-party-.html?rref=collection%2Fsectioncollection%2Fopinion-columnists.

242. Michael D. Shear and Thomas Gibbons-Neff, "Trump Sending 5,200 Troops to the Border in an Election-Season Response to Migrants," *New York Times*, October 29, 2018, https://www.nytimes.com/2018/10/29/us/politics/border-security-troops-trump.html?module=inline.

military-school/2016/06/22/f0b3b164-317c-11e6-8758-d58e76e11b12_story.html?utm_term=.a28c307bb9e3.

215. Joseph Burgo, *The Narcissist You Know: Defending Yourself against Extreme Narcissists in an All-About-Me Age* (New York: Touchstone, an imprint of Simon and Schuster, 2015), loc. 502 of 757, iBooks.
216. Burgo, *The Narcissist*, loc. 510-511 of 757.
217. Woodward, *Fear*, loc. 27 of 210.
218. Julia Glum, "Some Republicans Still Think Obama Was Born in Kenya as Trump Resurrects Birther Conspiracy Theory," *Newsweek*, December 11, 2017, https://www.newsweek.com/trump-birther-obama-poll-republicans-kenya-744195.
219. John Sides, Michael Tesler and Lynn Vavreck, *Identity Crisis: The 2016 Presidential Campaign and the Battle for the Meaning of America* (Princeton: Princeton University Press, 2018), loc. 1864 of 9466, Kindle.
220. David Brooks, "A Little Reality on Immigration," *New York Times*, February 19, 2016, https://www.nytimes.com/2016/02/19/opinion/a-little-reality-on-immigration.html.
221. *Time* Staff, "Here's Donald Trump's Presidential Announcement Speech," *Time*, June 16, 2015, http://time.com/3923128/donald-trump-announcement-speech/.
222. *Time*, "Here's Donald."
223. Yoni Appelbaum, "'I Alone Can Fix It,'" *Atlantic*, July 21, 2016, https://www.theatlantic.com/politics/archive/2016/07/trump-rnc-speech-alone-fix-it/492557/.
224. *Time*, "Here's Donald."
225. "Kaiser Health Tracking Poll: The Public's Views on the ACA," Kaiser Family Foundation, November 28, 2018, https://www.kff.org/interactive/kaiser-health-tracking-poll-the-publics-views-on-the-aca/#?response=Favorable--Unfavorable&aRange=twoYear.
226. Jenna Johnson, "Trump's Grand Promises to 'Very, Very Quickly' Repeal Obamacare Run into Reality," *Washington Post*, July 18, 2017, https://www.washingtonpost.com/politics/trumps-grand-promises-to-very-very-quickly-repeal-obamacare-run-into-reality/2017/07/18/91b5f220-6bd3-11e7-9c15-177740635e83_story.html?noredirect=on&utm_term=.acdfc3b7221f.
227. Louis Jacobson, "Trump Says U.S. Pulling Out of Paris Climate Agreement," *Politifact*, June 1, 2017, https://www.politifact.com/truth-o-meter/promises/

Foundations, March 30, 2010, https://www.opensocietyfoundations.org/voices/berlusconi-s-chilling-effect-italian-media.

197. Steven Levitsky and Daniel Ziblatt, *How Democracies Die* (New York: Crown Publishing Group, a division of Penguin Random House, 2018), 105.
198. Levitsky and Ziblatt, *How Democracies*, 99-104.
199. Jeff Guinn, *The Road to Jonestown: Jim Jones and Peoples Temple* (New York: Simon and Schuster, 2017).
200. "Joseph McCarthy Biography," *Encyclopedia of World Biography*, December 24, 2018, https://www.notablebiographies.com/Ma-Mo/McCarthy-Joseph.html.
201. Editors, "McCarthy Says Communists Are in State Department," History.com, December 13, 2018, https://www.history.com/this-day-in-history/mccarthy-says-communists-are-in-state-department.
202. Stanley Karnow, *Vietnam: A History* (New York: Penguin Group, 1983, 1991, 1997), 593.
203. Levitsky and Ziblatt, *How Democracies*, 140.
204. Levitsky and Ziblatt, 141.
205. Levitsky and Ziblatt, 102-03.
206. Vamik Volkan, Norman Itzkowitz, and Andrew Dod, *Richard Nixon: A Psychobiography* (New York: Columbia University Press, 1997), 32-35.
207. Volkan, *Richard Nixon*, 91.
208. Volkan, 95.
209. Patrick Buchanan, *The Greatest Comeback: How Richard Nixon Rose from Defeat to Create the New Majority* (New York: Crown Forum, an imprint of Crown Publishing Group, a division of Random House LLC, 2014), 119.
210. Robert Dallek, *Nixon and Kissinger: Partners in Power* (New York: HarperCollins Publishers, 2007), 66.
211. Volkan, *Richard Nixon*, 129.
212. Oscar Winberg, "When It Comes to Harassing the Media, Trump Is No Nixon," *Washington Post*, October 16, 2017, https://www.washingtonpost.com/news/made-by-history/wp/2017/10/16/when-it-comes-to-harassing-the-media-trump-is-no-nixon/?utm_term=.aa2323ceaf86.
213. Winberg, "Trump Is No Nixon."
214. Paul Schwartzman and Michael Miller, "Confident. Incorrigible. Bully: Little Donny Was a Lot Like Candidate Donald Trump," *Washington Post*, June 22, 2016, https://www.washingtonpost.com/lifestyle/style/young-donald-trump-

174. Caldwell, "The Killa."
175. Caldwell, "The Killa."
176. Caldwell, "The Killa."
177. Caldwell, "The Killa."
178. Caldwell, "The Killa."
179. Jon Lee Anderson, "Nicolas Maduro's Accelerating Revolution," *New Yorker*, December 11, 2017, https://www.newyorker.com/search/q/Accelerating%20Revolution.
180. Anderson, "Maduro's Revolution."
181. Eduardo Sanchez, "Maduro — Traits of a Paranoid Personality," Center for Conflict Studies: Leader Profiles, January 13, 2014, http://sites.miis.edu/ccsprofilesofworldleaders/2014/01/13/maduro-traits-of-a-paranoid-personality/.
182. Associated Press, "Venezuela's Maduro: US Leads Assassination Plot against Him," *New York Times*, December 12, 2018, https://www.nytimes.com/aponline/2018/12/12/world/americas/ap-lt-venezuela-maduro.html.
183. Anderson, "Maduro's Revolution."
184. Associated Press, "Maduro's Grip on Venezuela Tightens, Warns of Trump Threat," *New York Times*, December 9, 2018, https://www.nytimes.com/aponline/2018/12/09/world/americas/ap-lt-venezuela-local-elections.html.
185. Anderson, "Maduro's Revolution."
186. Anderson, "Maduro's Revolution."
187. Alan Friedman, *Berlusconi: The Epic Story of the Billionaire Who Took Over Italy* (New York: Hachette Books, 2015), loc. 31-33 of 703, iBooks.
188. Alan Friedman, *Berlusconi*, 50 of 703.
189. Friedman, 42-50. (All of these page numbers for Friedman are "of 703".
190. Friedman, 17.
191. The Local, "'Berlusconi Has a Personality Disorder,'" thelocal.it, November 27, 2013, https://www.thelocal.it/20131127/berlusconi-has-a-personality-disorder.
192. Friedman, 201-235.
193. Friedman, 548.
194. Michael Hirst, "Berlusconi Says He Is Like Jesus," *Telegraph*, February 13, 2006, https://www.telegraph.co.uk/news/worldnews/europe/italy/1510375/Berlusconi-says-he-is-like-Jesus.html.
195. Friedman, 386.
196. Darien Pavli, "Berlusconi's Chilling Effect on Italian Media," Open Society

157. McFaul, 230-31.
158. Misha Friedman,"Babushkas for Putin," *New York Times*, March 15, 2018, https://www.nytimes.com/2018/03/15/opinion/sunday/babushkas-for-putin.html.
159. McFaul, 223-24.
160. Neil Buckley and Andrew Byrne, "The Rise and Rise of Viktor Orban," *Financial Times*, January 24, 2018, https://www.ft.com/content/dda50a3e-0095-11e8-9650-9c0ad2d7c5b5.
161. Patrick Kingsley, "As West Fears the Rise of Autocrats, Hungary Shows What's Possible," *New York Times*, February 10, 2018, https://www.nytimes.com/2018/02/10/world/europe/hungary-orban-democracy-far-right.html.
162. Kingsley, "As West."
163. Michael Steinberger,"George Soros Bet Big on Liberal Democracy. Now He Fears He Is Losing," *New York Times*, July 18, 2018, https://www.nytimes.com/2018/07/17/magazine/george-soros-democrat-open-society.html.
164. New York Times Board, "Viktor Orban's Perversion of Democracy in Hungary," *New York Times*, April 5, 2018, https://www.nytimes.com/2018/04/05/opinion/viktor-orban-hungary-election.html.
165. Kingsley, "As West."
166. Marc Santora, "Hungary Election Gives Orban Big Majority, and Control of Constitution," *New York Times*, April 8, 2018, https://www.nytimes.com/2018/04/08/world/europe/hungary-election-viktor-orban.html.
167. Santora, "Hungary Election."
168. Floyd Whaley, "30 Years After Revolution, Some Filipinos Yearn for 'Golden Age' of Marcos," *New York Times*, February 23, 2016, https://www.nytimes.com/2016/02/24/world/asia/30-years-after-revolution-some-filipinos-yearn-for-golden-age-of-marcos.html.
169. "Rodrigo Duterte Biography," thefamouspeople.com, retrieved on December 20, 2018, from https://www.thefamouspeople.com/profiles/rodrigo-duterte-7713.php.
170. "Rodrigo Duterte Biography."
171. Christopher Caldwell,"The Killa in Manila," *Weekly Standard*, August 11, 2018, https://www.weeklystandard.com/christopher-caldwell/understanding-the-popularity-of-philippines-president-rodrigo-duterte.
172. Caldwell, "The Killa."
173. Caldwell, "The Killa."

誰も知らなかった毛沢東』講談社、土屋京子訳、2005 年)
127. Chang, *Mao*, loc. 74 of 4089.
128. Chang, 132. (All of these page numbers for Chang are "of 4089.")
129. Chang, 102-03.
130. Chang, 106-08.
131. Chang, 134-35.
132. Chang, 710.
133. Chang, 708.
134. Chang, 718-20.
135. Chang, 768.
136. Chang, 747.
137. Chang, 521-22.
138. Pinker, *Better Angels*, 332.
139. Pinker, 322.
140. Chang, *Mao*, 2477-2478.
141. Chang, 2479.
142. 著者自身が 2014 年に北京の天安門広場で彼の墓と写真を見た。
143. Steven Lee Myers, *The New Tsar: The Rise and Reign of Vladimir Putin* (New York: A Borzoi Book, Published by Alfred A. Knopf, a division of Penguin Random House, Ltd., 2015), 15.
144. Myers, *New Tsar*, 15.
145. Myers, 16.
146. Myers, 17.
147. M. Gessen, *Future Is History*, 588-589 of 1507.
148. M. Gessen, 588-89.
149. M. Gessen, 202.
150. McFaul, *From Cold War to Hot Peace: An American Ambassador in Putin's Russia* (New York: Houghton Mifflin Harcourt Publishing Company, 2018), 886 of 1928.
151. M. Gessen, *Future Is History*, 593.
152. M. Gessen, 639-40.
153. M. Gessen, 642.
154. McFaul, *Cold War*, loc. 845-847 of 1928.
155. McFaul, 887.
156. McFaul, 894.

101. Nagorski, 68-69.
102. Nagorski, 84.
103. Nagorski, 95.
104. Nagorski, 105.
105. Nagorski, 163.
106. Nagorski, 101.
107. Orlando Figes, "From Tsar to U.S.S.R.: Russian's Chaotic Year of Revolution,"*National Geographic History Magazine*, Oct. 25, 2017, https://www.nationalgeographic.com/archaeology-and-history/magazine/2017/09-10/russian-revolution-history-lenin/.
108. Simon Sebag Montefiore, *Young Stalin* (New York: Vintage Books, a Division of Random House, Inc., 2007), 23.
109. Montefiore, *Young Stalin*, 29.
110. Montefiore, 28.
111. Montefiore, 34.
112. Montefiore, 32.
113. Montefiore, 37.
114. Montefiore, 38.
115. Keith Gessen, "How Stalin Became Stalinist," *New Yorker*, November 6, 2017, https://www.newyorker.com/magazine/2017/11/06/how-stalin-became-stalinist.
116. Stephen Kotkin, *Stalin: Paradoxes of Power, 1878-1928* (New York: Penguin Books, 2014), loc. 411-412 of 740, Kindle.
117. K. Gessen,"How Stalin."
118. Montefiore, 42.
119. Montefiore, 42.
120. Applebaum, *Red Famine*, 82.
121. K. Gessen, "How Stalin."
122. K. Gessen, "How Stalin."
123. Nagorski, *Hitlerland*, 299.
124. Pinker, *Better Angels*, 195.
125 Wikipedia, "Republic of China (1912-1949)," retrieved on 12/17/18 from https://en.wikipedia.org/wiki/Republic_of_China_(1912%E2%80%931949).
126. Jung Chang and Jon Halliday, *Mao: The Unknown Story* (New York: Anchor Books, a division of Random House, 2005, 2006), loc. 69 of 4089, iBooks. (『マオ

House, 2014, 2017).
79. Sherman, *Loudest Voice*, 699-702 of 1763, iBooks.
80. Sherman, 27. (All of these page numbers for Sherman are "of 1763.")
81. Sherman, 978.
82. Sherman, 28.
83. Sherman, 26.
84. Pinker, *Enlightenment*, 51.
85. Pinker, 52.
86. Benjamin Franklin, "One Of The Central Documents In The History Of Western Civilization ...The Symbol Of Political Liberty": *The Magna Carta*, Boston, 1721, Printed By The Firm Of 15-Year-Old Apprentice Benjamin Franklin.
87. Nagorski, *Hitlerland*, 99-100.
88. Abigail Tracy, "George W. Bush Finally Says What He Thinks about Trump. He Didn't Even Have to Say the President's Name." *Vanity Fair*, October 19, 2017, https://www.vanityfair.com/news/2017/10/george-w-bush-donald-trump.
89. Shirer, *Third Reich*, 63 of 4174.
90. Shirer, 56. (All of these page numbers for Shirer are "of 4174")
91. Shirer, 56-58.
92. Shirer, 78-79.
93. Shirer, 103-104.
94. Peter Ross Range, *1924: The Year That Made Hitler* (New York: Little, Brown and Company, 2016), 52 of 817, iBooks.（『1924――ヒトラーが"ヒトラー"になった年』亜紀書房、菅野楽章訳、2018 年）
95. Range, *1924*, 36 of 817.
96. Shirer, *Third Reich*, 121 of 4175.
97. Shirer, 233 of 4174.
98. United States Holocaust Memorial Museum, "Germany: Jewish Population in 1933", *Holocaust Encyclopedia*, retrieved on November 3, 2018. https://encyclopedia.ushmm.org/content/en/article/germany-jewish-population-in-1933.
99. Daniel Jonah Goldhagen, *Hitler's Willing Executioners: Ordinary Germans and the Holocaust* (New York: Random House, 1996, 1997).（『普通のドイツ人とホロコースト――ヒトラーの自発的死刑執行人たち』ミネルヴァ書房、望田幸男監訳、2007 年）
100. Nagorski, *Hitlerland*, 85.

(New York: Riverhead Books, 2017), loc. 864 of 1507, iBooks.

65. Bob Woodward, *Fear: Trump in the White House* (New York: Simon and Schuster, 2018).（『FEAR　恐怖の男　トランプ政権の真実』日本経済新聞出版、伏見威蕃訳、2018 年）
66. Farhad Manjoo, "We Have Reached Peak Screen. Now Revolution Is in the Air," *New York Times*, June 27, 2018, https://www.nytimes.com/2018/06/27/technology/peak-screen-revolution.html.
67. Soroush Vosoughi, Deb Roy, and Sinan Aral, "The Spread of True and False News Online," *Science*, May 9, 2018, 1146-1141, http://science.sciencemag.org/content/359/6380/1146.
68. Michelle Goldberg, "Democrats Should Un-friend Facebook," *New York Times*, November 16, 2018, https://www.nytimes.com/2018/11/16/opinion/facebook-mark-zuckerberg-sheryl-sandberg-silicon-valley-antitrust.html.
69. The Editorial Board, "The War on Truth Spreads," *New York Times*, December 9, 2018, https://www.nytimes.com/2018/12/09/opinion/media-duterte-maria-ressa.html.
70. Marshall McLuhan, *The Medium Is the Massage: An Inventory of Effects* (New York: Penguin Books, 1964).（『メディアはマッサージである：影響の目録』河出書房新社、門林岳史訳、2015 年）
71. Manjoo, "Peak Screen."
72. Steven Pinker, *Enlightenment Now: The Case for Reason, Science, Humanism, and Progress* (New York: Viking, An imprint of Penguin Random House LLC, 2018).（『21 世紀の啓蒙：理性、科学、ヒューマニズム、進歩』草思社、橘明美、坂田雪子訳、2019 年）
73. Pinker, *Enlightenment*, 42.
74. Pinker, 50.
75. McKay Coppins, "The Man Who Broke Politics," *Atlantic*, October 17, 2018, https://www.theatlantic.com/magazine/archive/2018/11/newt-gingrich-says-youre-welcome/570832/.
76. Coppins, "The Man."
77. Brooks Boliek, "FCC Finally Kills Off Fairness Doctrine," *Politico*, August 22, 2018, https://www.politico.com/story/2011/08/fcc-finally-kills-off-fairness-doctrine-061851.
78. Gabriel Sherman, *The Loudest Voice in the Room: How the Brilliant, Bombastic Roger Ailes Built Fox News — And Divided a Country* (New York: Random

Narcissists in an All-About-Me Age (New York: Touchstone, 2015).

40. Shirer, *Third Reich*, loc. 87-88 of 4174, iBooks.
41. Applebaum, *Red Famine*, 83-84.
42. Nagorski, *Hitlerland*, 76.
43. Nagorski, 95.
44. Applebaum, *Red Famine*, 90.
45. Applebaum, 7.
46. Applebaum, 35.
47. Applebaum, 37.
48. Applebaum, 126.
49. Applebaum, 280.
50. Daniel Goleman, *Social Intelligence: The New Science of Human Relationships* (New York: A Bantam Book, 2006), 40.（『SQ 生きかたの知能指数』日本経済新聞出版、土屋京子訳、2007 年）
51. Goleman, *Social Intelligence*, 43.
52. Goleman, 48.
53. Applebaum, *Red Famine*, 231.
54. John Hibbing, Kevin Smith, and John Alford, *Predisposed: Liberals, Conservatives, and the Biology of Political Differences* (New York: Routledge, 2014), loc. 635 of 1039, iBooks.
55. Robert Sapolsky, *Behave: The Biology of Humans at Our Best and Worst* (New York: Penguin Press, 2017), 450-451.
56. Sapolsky, *Behave*, 452.
57. Sapolsky, 451.
58. Sapolsky, 452.
59. Hibbing, *Predisposed*, loc. 869 of 1039.
60. David Brooks, *The Social Animal: The Hidden Sources of Love, Character, and Achievement* (New York: Random House, 2011), 302-303.（『人生の科学：「無意識」があなたの一生を決める』早川書房、夏目大訳、2012 年）
61. John Bargh, “At Yale, We Conducted an Experiment to Turn Conservatives into Liberals. The Results Say a Lot about Our Political Divisions,” *Washington Post*, November 22, 2017.
62. Sapolsky, *Behave*, 453.
63. Bargh, *At Yale*.
64. Masha Gessen, *The Future Is History: How Totalitarianism Reclaimed Russia*

Epidemiologic Survey on Alcohol and Related Conditions," *Journal of Clinical Psychiatry* 69, no. 7 (July 2008):1033-45, 1036.

21. APA, DSM-5, 659.
22. Bridget Grant et al., "Prevalence, Correlates, and Disability of Personality Disorders in the United States: Results from the National Epidemiologic Survey on Alcohol and Related Conditions," *Journal of Clinical Psychiatry* 65, no. 7 (July 2004): 948-58, 952.
23. Paul Babiak and Robert Hare, *Snakes in Suits: When Psychopaths Go to Work* (Toronto: HarperCollins Publishers, 2006).（『社内の「知的確信犯」を探し出せ』ファーストプレス、真喜志順子訳、2007 年）
24. APA, DSM-5, 662.
25. Otto Kernberg, MD, an expert on diagnosing and treating narcissists and sociopaths, stated this in a presentation at the Evolution of Psychotherapy Conference, Anaheim, CA, December 16, 2017, attended by the author.
26. John Gartner, "DEFCON 2: Nuclear Risk Is Rising as Donald Trump Goes Downhill," in *Rocket Man: Nuclear Madness and the Mind of Donald Trump*, ed. John Gartner, Steven Buser, and Leonard Cruz (Asheville, NC: Chiron Publications, 2018), 29.
27. Erich Fromm, *The Heart of Man: It's Genius for Good and Evil* (Riverdale, NY: American Mental Health Foundation; First published by Harper and Row, Publishers, New York, 1964), loc. 998 of 2243, Kindle.（『悪について』筑摩書房、渡会圭子訳、2018 年）
28. Fromm, *Heart of Man*, loc. 998 of 2243.
29. Stinson et al., "Prevalence ...Narcissistic Personality," 1038.
30. *United States v. Mitchell* (2010) 706 F. Supp. 2d 1148.
31. *Guilbeau v. Guilbeau* (1996) 85F 3d 1149, 1154.
32. Pinker, *Better Angels*, 329.
33. Pinker, 330.
34. Nagorski, *Hitlerland*, 35.
35. Applebaum, *Red Famine*, 116.
36. Applebaum, 116.
37. Nagorski, *Hitlerland*, 299.
38. Theodore Millon, *Disorders of Personality: DSM-IV and Beyond* (New York: John Wiley and Sons, 1996), 84.
39. Joseph Burgo, *The Narcissist You Know: Defending Yourself Against Extreme*

原注

1. Steven Pinker, *The Better Angels of Our Nature: Why Violence Has Declined* (New York: Viking, 2011), 520.
2. Pinker, *Better Angels*, 195.
3. William Shirer, *The Rise and Fall of the Third Reich* (New York: Rosetta Books LLC, 2011), loc. 31-32 of 4175, iBooks.
4. Pinker, *Better Angels*, 208.
5. Anne Applebaum, *Red Famine: Stalin's War on Ukraine* (New York: Doubleday, 2017), 280.
6. Applebaum, *Red Famine*, 186.
7. Applebaum, 120.
8. Pinker, *Better Angels*, 331.
9. Pinker, 343.
10. Pinker, 524-525.
11. BBC News, "Serbia Captures Fugitive Karadzic," July 22, 2008, http://news.bbc.co.uk/2/hi/europe/7518543.stm.
12. Andrew Nagorski, *Hitlerland: American Eyewitnesses to the Nazi Rise to Power* (New York: Simon and Schuster Paperbacks, 2012), 148.
13. Nagorski, 324.
14. American Psychiatric Association, *Diagnostic and Statistical Manual of Mental Disorders, Fifth Edition: DSM-5* (Arlington, VA: American Psychiatric Association, 2013), 646. (Hereafter "APA, DSM-5.")（『DSM-5　精神疾患の診断・統計マニュアル』医学書院、日本精神神経学会監修、2014 年）
15. Jean Twenge and W. Keith Campbell, *The Narcissism Epidemic: Living in the Age of Entitlement* (New York: Free Press, 2009).
16. APA, DSM-5, 659 and 669-670.
17. APA, DSM-5, 646.
18. APA, DSM-5, 669-670.
19. Twenge, *Narcissism Epidemic*, 45.
20. Frederick Stinson et al., "Prevalence, Correlates, Disability, and Comorbidity of DSM-IV Narcissistic Personality Disorder: Results from the Wave 2 National

謝辞

本書は長年にわたって多くの人々と重ねてきたさまざまな議論の産物です。執筆を励まし、時には私の考えに異議を唱え、本書にかかり切りになっても大目に見て、寛大にも三〇年以上にもわたって対立の少ないライフスタイルをともにしてくれた妻のアリスにはとりわけ感謝しています。代理人のスコット・エーデルスタインとその妻アリエラ・ティルセンにも特別な感謝を。夫婦で世界情勢を議論したときに本書の土台となるものを思いついたのはアリエラでしたし、スコットは本書のタイトルを生み出し、私こそが本書を——しかもすぐに——書くべきだと断言してくれたのでした。

ミーガン・ハンターにも感謝したいと思います。彼は一〇年以上も前に私とハイ・コンフリクト・インスティテュートを共同設立して、講演をしたり、スタッフとして働いたりしながら、折に触れて対立を煽る状況やパーソナリティの理解や管理に関する私の考えを研ぎ澄ませてくれました。

サービス精神や、他者への共感、学び続けることの楽しさを教え、のびのびと育ててくれた母マーガレットと父ローランド、義母のヘレン・エディのことも懐かしく思い出します。

次に挙げる家族や友人にも非常に具体的で有益な意見をいただきました。キャシー・エディ、アリス・フィチャンドラー、デニス・ドイル、ノーマ・マーク。また、本書の重要な部分の執筆にあたり森の中のすばらしいキャビンを提供してくれた友人のラルー&フィル・ロックホールドや、ひらめきを与え、議論を重ねてくれたボニー・エリアスとステュワート・コチヴァーにも感謝します。

最後に、ベレット＝ケーラー出版の各担当者にも感謝します――本当にすばらしいチームでした。第3章（有権者の四分割）の鍵となる図版が私の頭の中で――そして彼らのホワイトボードに――うまくまとまったのは、私が本書の概念をオフィスの全員に説明させてもらっていたときでした。全面的にご指導いただいた編集のアンナ・ラインバーガーには特に感謝しています。原稿整理担当のレベッカ・ライダーには非常に詳しく正確な修正や追記をいただきました（たまにぐずった私を大目に見てくれたことにも感謝）。いつも励ましてくれた編集監督のジーヴァン・シヴァスブラマニアム。早い段階で初稿のレビューをして意見をくれたマーク・アネット、ジル・スウェンソン、ジェッサ・オルルーク、デボラ・ニッケル、サラ・モドリン。レイセル・ウィップルとモーリーン・フォリスの創造的な（しかも面白い）デザイン。マイケル・クローリーとケイティ・シーハンはマーケティングのことで賢明な助言をして（私のためらいを克服する手助けをして）くれました。推薦の言葉をまとめてくれたクロエ・ウォンとシャブナム・バナージー＝マクファーランド。そして最後に、この対立を煽るパーソナリティというむずかしいテーマで広く読まれる本をつくる仕事を広報担当のケリー・ダニエルズとふたたび一緒にできたことをうれしく思っています。

PROFILE

ビル・エディ
Bill Eddy

個人や組織が「対立屋」に対処することを支援する会社、High Conflict Instituteの共同創設者兼トレーニングディレクター。アメリカ、サンディエゴにある国立紛争解決センター（National Conflict Resolution Center）のシニアファミリーメディエーター。弁護士、臨床ソーシャルワーカーの資格を持ち、ペパーダイン大学ロースクールのストラウス紛争解決研究所（Straus Institute）およびモナーシュ大学法科大学院の非常勤講師を務める。200万人以上の読者を持つ*Psychology Today*のウェブサイト（https://www.psychologytoday.com/us）に連載を持つ。本書を含めて14冊（共著含む）の著書がある。
www.HighConflictInstitute.com
www.NewWays4Families.com

危険人物をリーダーに選ばないためにできること

2020年6月29日
第1刷発行

著者　ビル・エディ

翻訳者　宮崎 朔

発行者　長坂嘉昭

発行所　株式会社プレジデント社
〒102-8641
東京都千代田区平河町2-16-1
電話 編集(03)3237-3732
販売(03)3237-3731

印刷・製本　凸版印刷株式会社

ISBN978-4-8334-2377-9

編集
中嶋 愛

装丁・組版
HOLON

制作
関 結香

販売
桂木栄一
高橋 徹
川井田美景
森田 巌
末吉秀樹